COURS GRADUÉ

DE

DICTÉES FRANÇAISES

EN TEXTE SUIVI

SUR UN PLAN ENTIÈREMENT NEUF

À L'USAGE

des Pensions des deux Sexes

PAR

Th. LEPETIT

PROFESSEUR

L'instruction et l'éducation ne
doivent jamais être séparées.

PREMIÈRE ANNÉE
PARTIE DE L'ÉLÈVE

PARIS
LAROUSSE ET BOYER, LIBRAIRES-ÉDITEURS,
RUE SAINT-ANDRÉ-DES-ARTS, 49

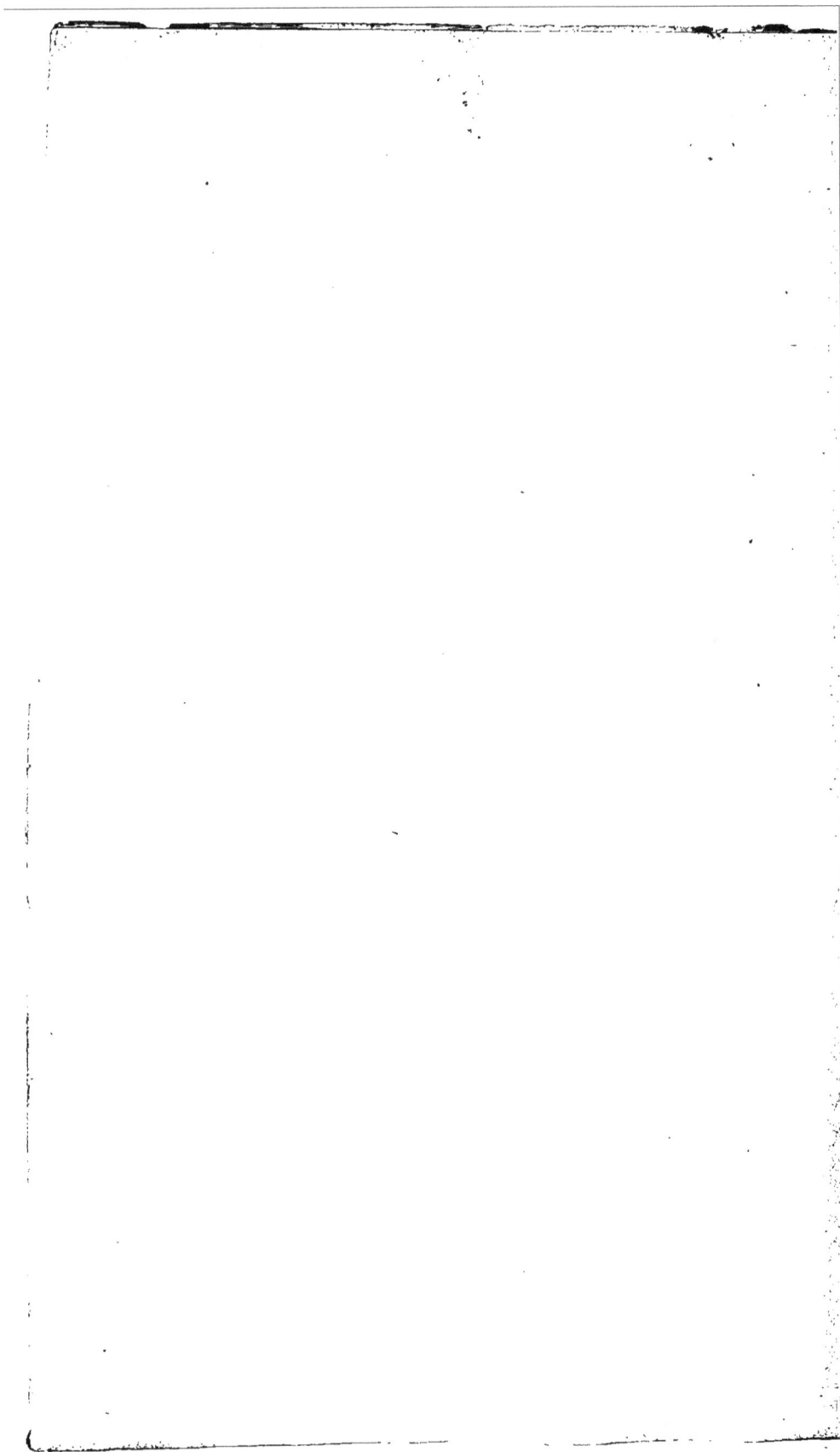

COURS GRADUÉ

DE

DICTÉES FRANÇAISES

COURS GRADUÉ

DE

DICTÉES FRANÇAISES

EN TEXTE SUIVI

SUR UN PLAN ENTIÈREMENT NEUF

À l'usage des pensions des deux sexes

PAR

Th.ᴿᴱ LEPETIT

Professeur.

*L'instruction et l'éducation ne
doivent jamais être séparées.*

PREMIÈRE ANNÉE.

PARTIE DE L'ÉLÈVE.

7ᵉ ÉDITION.

PARIS

AUG. BOYER ET Cⁱᵉ, LIBRAIRES-ÉDITEURS

49, RUE SAINT-ANDRÉ-DES-ARTS, 49

DICTÉES FRANÇAISES.

CHAPITRE I.

EXERCICES SUR LE NOM.

1.

Le printemps en Bretagne.

L'élève ouvrira une parenthèse après chaque nom en italique, et dira si ce nom est *propre* ou *commun*.

Le *printemps* en *Bretagne* est plus doux qu'aux *environs* de *Paris*, et fleurit trois *semaines* plus tôt. Les cinq *oiseaux* qui l'annoncent, l'*hirondelle*, le *loriot*, le *coucou*, la *caille* et le *rossignol* arrivent avec des *brises* qui hébergent dans les *golfes* de la *péninsule* armoricaine. La *terre* se couvre de *marguerites*, de *pensées*, de *jonquilles*, de *narcisses*, d'*hyacinthes*, de *renoncules* et d'*anémones*. Des *clairières* se panachent d'élégantes et hautes *fougères ;* des *champs* de *genêts* et d'*ajoncs* resplendissent de leurs *fleurs* qu'on prendrait pour des *papillons* d'*or*. Les *haies*, au long desquelles abondent la *fraise*, la *framboise* et la *violette*, sont décorées d'*aubépines*, de *chèvrefeuilles*, de *ronces*, dont les *rejets* bruns et courbés portent des *feuilles* et des *fruits* magnifiques. Tout fourmille d'*abeilles* et d'*oiseaux ;* les *essaims* et les *nids* arrêtent les *enfants* à chaque *pas*.

Dans certains *abris*, le *myrte* et le *laurier-rose* croissent en pleine *terre* comme en *Grèce* ; la *figue* mûrit comme en *Provence* ; chaque *pommier*, avec ses fleurs carminées, ressemble à un gros *bouquet* de *fiancée* de *village*.

D'après CHATEAUBRIAND.

9.

Les habitants d'une huître.

L'élève copiera cet exercice et soulignera les noms collectifs.

Qui croirait, si une foule d'observations ne l'avaient démontré, que l'écaille d'une huître est un monde rempli d'une quantité innombrable de petits animaux, à côté desquels l'huître elle-même est un colosse !

Le liquide renfermé entre les écailles de l'huître contient une multitude d'êtres animés couverts d'écailles transparentes, et qui nagent avec une extrême agilité. Cent vingt de ces animaux, rangés sur une même ligne, ne donneraient pas un centimètre d'étendue. Le liquide contient, en outre, une grande quantité d'espèces d'animalcules d'une grosseur cinq cents fois moindre, et qui répandent une lumière phosphorique. Ce n'est pas là encore la totalité des habitants de cette demeure. On y compte un grand nombre de petits vers, qui brillent dans l'obscurité.

D'après la REVUE BRITANNIQUE.

8.

Le marché du Temple à Paris.

L'élève ouvrira une parenthèse après chaque nom en italique, et indiquera le *genre* et le *nombre* de ce nom.

Ce marché fameux est situé dans un des *quartiers* les plus populeux de Paris, et se divise en quatre carrés principaux.

Dans le premier carré siége le haut commerce du bazar; là s'épanouissent les marchandes d'*étoffes* de soie, de valenciennes, de malines, de gants, d'essences, de boutons de *nacre,* de peignes d'*ivoire;* là accourent souvent d'élégantes acheteuses de tout *âge* et de toute condition, qui, le marché conclu, s'envolent, contentes d'avoir économisé quelques *centimes,* comme un *essaim* d'oiseaux voyageurs.

Dans le second carré sont les objets utiles : les *horloges,* les *écritoires,* la *sandaraque;* on y trouve aussi quelques *ouvrages* d'*albâtre;* là se voient encore les lits non d'*ébène* ou d'*acajou,* mais de chêne, d'orme, et le plus souvent de fer rouillé. Là gisent, entassés pêle-mêle, les rideaux, les *patères,* les anneaux de cuivre, les robes d'indienne et les layettes. Ce carré est le carré bourgeois, comme le premier est le carré des fashionables.

Vient ensuite le troisième carré où est la vieille ferraille : marteaux, *enclumes,* chenets, serrures, *ustensiles* de toutes espèces.

Le quatrième carré est plein de vieux souliers

que les habitants du lieu noircissent de *poix,* et qui dégagent une odeur nauséabonde.

Tels sont les quatre *carrés* du Temple, et l'on voit qu'en eux se résume toute la hiérarchie sociale : richesse, médiocrité, pauvreté, misère.

D'après FÉLIX MORNAND.

4.

Les végétaux marins.

Les noms en italique sont au *singulier :* écrivez-les au *pluriel.*

L'océan a, comme la terre, ses *jardin* et ses *fleur.* C'est au milieu des *coquille* de nacre et des *arbre* de corail que s'élèvent modestement les *feuille* jaunes de la violette marine, et le rosier des eaux qui se couronne de *fleur* comme le rosier des *jardin.* Mais, parmi les brillants végétaux qui embellissent l'empire des *onde,* rien n'est plus magnifique que ces *fucus* gigantesques dont les *tige* semblent mesurer les *gouffre* qu'elles ombragent. Quelquefois la tempête brise, arrache et pousse ces *forêt* entières, avec tous leurs *habitant,* au milieu des grandes eaux. Alors, semblables à des filets, ils entraînent tout ce qui se trouve sur leur passage. Enveloppés dans ces *île* de verdure, les *poisson,* les *coquillage,* les *insecte* sont charriés dans les *mer* étrangères, où ils fondent de nouvelles *colonie.* Antiques *habi-*

tant de ces vastes *labyrinthe*, ils se promènent sous les mêmes *feuillage*, reposent dans les mêmes *retraite* où ils reçurent le jour, et voyagent, pour ainsi dire, sans quitter leur patrie.

D'après AIMÉ MARTIN.

5.

Souvenirs d'enfance.

Les noms en italique sont au *singulier* : l'élève les écrira au *pluriel* ; il fera, en outre, la liste des noms qui ne changent pas au *pluriel*.

J'ai encore une partie des *meuble* qui me retracent mon enfance, et même le grand tapis qui nous amusait tant, ma sœur et moi. C'est un tapis Louis XV avec des *ornement* qui tous avaient un nom et un sens pour nous. Tel rond était une île, telle autre partie du fond était un bras de mer à traverser. Une certaine rosace à *flamme* pourpre était l'enfer ; de certaines *guirlande* figuraient le paradis, et une grande bordure représentant des *ananas* était la forêt Hercynia. Que de *voyage* fantastiques, périlleux ou agréables, nous avons faits sur ce vieux tapis avec nos petits *pied !* La vie des *enfant* est un miroir magique ; ceux qui ne sont pas initiés n'y voient que des *objet* réels : les initiés y trouvent toutes les riantes *image* de leurs *rêve ;* mais un jour vient où le talisman perd sa vertu, ou bien la glace se brise

1.

et les *éclat* sont dispersés, comme des débris, pour ne jamais se réunir.

D'après MADAME GEORGE SAND.

6.

Un cabinet d'antiquités.

L'élève écrira au pluriel les noms en italique; les deux points (..) indiquent un nom en *al* au singulier ; et les trois points (...), un nom en *ail*.

Quelle singulière chose qu'un cabinet d'*antiquité!* Ici, des *crocodile*, des *hibou*, des *chac..*, des *narv..* semblent en admiration devant des *tableau* qui représentent des *carnav..* grotesques, ou devant des *vitr...* gothiques. Là, des *vase* de Sèvres, enrichis des plus brillants *ém...* sont en compagnie de *cam...* d'*évêque* et de riches *évent...* Les *cor...* les plus rares se trouvent pêle-mêle à côté de *joyau* à demi brisés. Un tournebroche est posé sur le cimier d'un casque antique; les *cuirasse* et les *poignard* du moyen âge sont jetés confusément avec les *drageoir* féodaux. Des *vaisseau* d'ivoire voguent à pleines *voile* sur le dos d'immobiles *tortue*. Les plus coûteux *caprice* sont là, c'est le bazar des *folie* humaines. Une écritoire, payée jadis cent mille *franc* et rachetée pour cent *sou*, gît auprès d'une serrure à secret dont le prix de fabrication eût suffi à la rançon de deux *roi*. Là, le génie humain apparaît dans toutes les *pompe* de sa misère, dans toute la gloire de ses *petitesse* gigantesques.

D'après HONORÉ DE BALZAC.

7.

Voyages des fleurs.

Écrivez au pluriel les noms en italique : les deux points (..) indiquent un nom en *al* au singulier ; et les trois points (...), un nom en *ail*.

Les *végét..* n'ont pas, comme les *anim..*, la faculté de se mouvoir ; mais ils peuvent envoyer de petites colonie d'un champ à l'autre, parcourir les *vallon* et visiter les *bocage*. Les arbres des *montagne*, comme les *ormeau*, les *bouleau*, les *frêne*, les *érable*, ont des *semence* ailées qui sont emportées par le vent. Ces *forêt* à venir traversent les *air* et descendent dans les *campagne* où elles doivent un jour former de délicieux *berceau* de feuillage. Cependant les *végét..* qui fleurissent sur les *bord* des *eau* portent des *graines* semblables à des *coquille*, à des *pirogue* et à des *bateau*. Le noyer, le coudrier et l'olivier, qui se plaisent sur les *rive* fleuries des *ruisseau* murmurants, ont des *fruit* façonnés comme de petits *tonneau ;* presque toutes les *graine* des *plante* aquatiques sont semblables à de légères *gondole*. Souvent on voit ces *flotte* charmantes, déployant leurs *voile*, voguer le long des *fleuve* et des *can..*, s'arrêter sur des *rivage* étrangers, et les couvrir de *pelouse* et de *fleur*, au-dessus desquelles la nature prend plaisir à incliner mollement les *rameau* d'un saule pleureur.

D'après AIMÉ MARTIN.

8.

Les habitants de la campagne.

Mettez au pluriel les noms en italique: les deux points (..) indiquent
un nom en *al* au singulier; et les trois points (...), un nom en *ail*.

I.

Quels *plaisir* innocents et purs goûtent les bons
villageois! De frais *ombrage* les garantissent des *feu*
de l'été; les *ruisseau,* qui gazouillent entre des *rive*
fleuries, leur offrent des *eau* limpides pour se désal-
térer; en roulant sur de petits *caillou,* ces *ruisseau*
font entendre un agréable murmure qui invite ces
homme laborieux à se reposer de leurs *trav...* Que
j'aime à entendre les petits *oiseau* chanter sous la
feuillée! Le soir, quand les *trav...* cessent, les *pâtre*
font rentrer en fredonnant les *troupeau* dans les
berc..., tandis que les *chien,* ces terribles *épouvan...*
de ces innocents *anim..* ramènent dans les *sentier*
les *mouton* qui s'en écartent. Pendant ce temps les
jeunes *femme* préparent le frugal repas du soir; des
chou, des *haricot,* des *fruit,* des *œuf:* tels sont leurs
rég.. habituels. Jamais nos *aliment* recherchés n'ont
excité leurs *vœu.*

II.

Les *mère* bercent ensuite leurs *enfant* sur leurs
genou, et les endorment en leur promettant non des
joujou d'un grand prix, mais les plus beaux *fruit*
du verger. Chez ces bons *villageois,* on ne voit ni

fauteuil aux *clou* dorés, ni *meuble* d'acajou ; sur leurs *cheminée* ne brillent ni les *cor*... ni les *ém*...; ils préfèrent les simples *fleur* des *champ* à tous les *ornement* fastueux de nos *salon*, et l'absence de l'or les dispense de mettre des *verrou* à leurs *porte*. Les jeunes *fille* ne se distinguent point par l'éclat des *diamant*, des *bijou;* mais les *fleur* naturelles dont elles ornent leurs *cheveu* plaisent plus que les plus riches *guirlande* artificielles; le moindre des *céré-moni..* les gênerait; aux *champ,* on ne consulte que la nature. Heureux *villageois,* que ne puis–je aller partager votre bonheur!

ANONYME.

9.

Jaffa.

Dans cet exercice, tous les noms sont écrits au singulier : l'élève leur donnera la forme plurielle quand le sens de la phrase l'exigera.

Le coup d'œil qu'offre Jaffa est vraiment magique quand on aborde cette ville du côté du désert. Les *pied* de la ville sont baignés au couchant par la mer qui déroule toujours là d'immenses *lame* écumeuses sur des *écueil* qui forment l'enceinte de son port; du côté du nord, elle est entourée de *jardin* délicieux, qui semblent sortir comme par enchantement du désert, pour couronner et ombrager ses *rempart*; on marche sous la voûte élevée et odorante d'une forêt de *palmier*, de *grenadier* chargés de leurs

étoile rouges, de cèdre maritimes au feuillage de
dentelle, de citronnier, d'oranger, de figuier, de li-
monier, grands comme des noyer d'Europe, et pliant
sous leurs fruit et sous leurs fleur ; l'air n'est qu'un
parfum soulevé et répandu par la brise de la mer;
le sol est tout blanc de fleur d'oranger, et le vent
les balaye comme chez nous les feuilles mortes en
automne. La ville élève ses blancs minaret, ses ter-
rasse crénelées, ses balcon en ogive, du sein de cet
océan d'arbuste embaumés qu'elle semble contempler avec bonheur et avec fierté.

D'après LAMARTINE.

10.

Une cuisine.

Copiez cet exercice et mettez au pluriel ceux des noms qui doivent
figurer à ce nombre.

Figurez-vous une salle immense ; un des mur occupé par les bouilloire, les passoire, les rôtissoire,
les bougeoir, les éteignoir, les cafetière et les lèche-
frite ; l'autre, par les plat, les assiette, les bol, les
théière et les sucrier ; au milieu, la cheminée,
énorme caverne qu'emplit un feu splendide ; au plafond, un noir réseau de poutre magnifiquement en-
fumées, auxquelles pendent des panier, des lampe
et de vastes trapèze de lard. Sous la cheminée outre
le tournebroche, le cendrier, les chenet, la crémail-

lère et la chaudière, reluit et pétille un trousseau de pelle et de pincette. L'âtre flamboyant envoie des rayon dans tous les coin, découpe de grandes ombre sur le plafond, jette une fraiche teinte rose sur les faïences bleues, et fait resplendir l'édifice fantastique des casserole comme une muraille de braise. Si j'étais enthousiaste, je dirais : cette cuisine est un monde dont la cheminée est le soleil.

D'après VICTOR HUGO.

Spectacle général de l'univers.

11.

Tous les noms que cet exercice renferme sont au singulier : l'élève mettra au pluriel ceux qui doivent figurer à ce nombre : il fera, en outre, la liste des noms qui ne changent pas au pluriel.

Ceux qui ont admis la beauté de la nature comme preuve d'une intelligence supérieure auraient dû faire remarquer une chose qui agrandit prodigieusement la sphère des merveille : c'est que le mouvement et le repos, la nuit et le jour, les saison, la marche des astre, qui varient les décoration du monde, ne sont pourtant successifs qu'en apparence, et sont permanents en réalité. La scène qui s'efface pour nous, se colore pour d'autres peuple ; ce n'est pas le spectacle, ce sont les spectateur qui changent. Réunissez donc en un moment, par la pensée, les plus beaux accident de la nature ; supposez que vous voyez à la fois toutes les heure du jour et toutes les saison, un matin de printemps et un matin d'automne, une nuit semée d'étoile et une nuit couverte de nuage, des prairies émaillées de fleur, des forêt dépouillées par les frimas, des champs dorés par les moisson, vous aurez alors une idée juste du spectacle de l'univers. Tandis que vous admirez ce soleil qui se plonge sous les voûte de l'occident, d'autres observateur le regardent sortir des région de l'aurore. Par quelle inconcevable magie ce vieil astre, qui s'endort fatigué et brûlant dans la pourpre du soir, est-il, en ce moment même, ce jeune astre qui s'éveille, humide de rosée, dans les voile blanchissantes de l'aube? A chaque moment de la journée, le soleil se lève, brille à son zénith et se couche sur le monde.

D'après CHATEAUBRIAND.

12.

La vallée de la Meuse.

Tous les noms sont au singulier : l'élève mettra au pluriel ceux de ces noms que le sens veut à ce nombre.

Jusqu'à Dinant, la vallée de la Meuse est assez resserrée; mais, au-dessous de cette ville, elle s'ouvre et montre, sur deux croupe lointaines de la rive droite du fleuve, les ruine de deux château gothiques ; puis la vallée s'ouvre encore : alors les rocher n'apparaissent plus que çà et là sous de riches capa-

raçon de verdure ; une housse de velours vert, bro-
dée de fleur, couvre tout le paysage. De toutes part
débordent les houblonnière, les verger, les arbre
qui ont plus de fruit que de feuille, les prunier vio-
lets, les pommier rouges, et à chaque instant se
montrent par touffe énormes les grappe écarlates du
sorbier, ce corail végétal des petits oiseau. Les ca-
nard et les poule jasent sur le chemin ; on entend
des chant de batelier sur la rivière ; de fraiches
jeunes fille, les bras nus, passent avec des panier
chargés d'herbe sur leur tête, et de temps en temps
un cimetière de village vient coudoyer mélancoli-
quement cette route pleine de joie, de lumière et
de vie.

D'après Victor Hugo.

CHAPITRE II.

1.

La goutte de rosée et la vie humaine.

Les élèves remplaceront le signe — par un des mots *le*, *la*, *les*; ils feront, en outre, les élisions et les contractions voulues.

Une goutte de rosée sur une feuille est, à mes yeux, — emblème de — vie humaine. Voyez : point de repos, même à — moment où — zéphyrs se taisent; quand — vent souffle un peu, elle frissonne, elle flotte à faire trembler; imprime-t-il — plus léger mouvement à — feuille, elle tombe. Ainsi fait — vie sous — souffle de — passions. Lorsque — calme est parfait, et que — rayons de — soleil viennent semer — champs de milliers d'émeraudes, — feuille humide sèche d'abord, et — goutte de rosée diminue et finit par disparaître. — soleil, image de — divine essence, l'attire à lui, et nous apprend par là que notre vie aussi, même — plus longue, doit un jour remonter vers — source éternelle d'où elle émane. Et cette image, qui me frappe tous — matins, me remplit de pensées douces et salutaires toute — journée; elle élève mon âme vers celui qui l'a créée, m'aide à surmonter — troubles de — vie, et me donne de consolantes espérances en me faisant rêver de — ciel.   *D'après* BONVALOT.

2.

L'île Graciosa (Açores).

L'élève remplacera le signe — par un des mots le, la, les ; il fera, en outre, les élisions et les contractions voulues.

— île Graciosa présente de jolies collines un peu renflées dans leurs contours, comme — ellipses d'une amphore étrusque; elles sont drapées de — verdure de — blés ou de — or de — épis, et elles exhalent une odeur fromentacée agréable, particulière à — moissons de — Açores. Une abbaye se montre à — sommet d'un tertre; à — pied de ce tertre, dans une anse caillouteuse, miroitent — toits rouges de — ville de Santa-Cruz. — île entière, avec ses découpures de baies et de caps, répète son paysage interverti dans — flots. De hauts rochers verticaux à — plan de — vagues lui servent de ceinture extérieure. A — fond de — tableau, — cône de — volcan de — Pic, planté sur une coupole de nuages, perce, par-delà Graciosa, — perspective aérienne.

D'après CHATEAUBRIAND.

3.

Le nid du loxia du Bengale.

Les élèves décomposeront les contractions en italique.

Le loxia *du* Bengale, espèce de moineau très-commun dans l'Inde, tresse son nid avec de longs brins d'herbe; il lui donne la forme *des* bouteilles à large ventre dont se servent les chimistes, et il le suspend *au* haut d'un palmier, *au* bout d'une branche assez forte seulement pour soutenir le poids de la petite habitation et *des* hôtes qu'elle renferme, il les garantit ainsi *des* attaques *des* serpents, *des* écureuils et *des* oiseaux de proie. Ces nids ont ordinairement deux divisions ou appartements. Dans l'un, la femelle couve; dans l'autre, se tient le mâle, à l'abri *des* pluies, gardant son nid, balancé par le vent *au* bout d'un fil léger, et amusant sa famille par ses joyeux gazouillements.

D'après la REVUE ENCYCLOPÉDIQUE.

CHAPITRE III.

1.

La tourterelle qui pleure.

L'élève ouvrira une parenthèse après chaque mot en italique, et dira si ce mot est article *ou* pronom.

Une mère dit un jour à ses deux filles, dont *l'*ainée n'avait pas plus de huit ans :

— Mes chères enfants, votre tante a une tourterelle qui pleure quand elle voit une petite fille commettre quelque faute : je *la* prierai de me donner cet oiseau merveilleux ; il pourrait être utile à votre éducation.

— Oh ! répondit *l'*ainée, je n'ai pas besoin d'un oiseau dont *les* larmes m'avertissent de mes fautes ; quand j'ai *le* malheur d'en commettre, ma conscience me *les* reproche, et je pleure moi-même.

— Cela ne fait rien, mère, dit *la* jeune ; fais toujours venir *la* tourterelle, et donne-*la*-moi : je serai si gentille, si gentille, qu'au lieu de pleurer, elle ne fera que rire et sautiller toute *la* journée.

D'après HERDER.

2.

La Bible.

Les élèves remplaceront le signe — par un de ces mots *ces*, *ses*, et le signe = par *ce* ou *se*, selon le sens de la phrase ; ils feront en outre les élisions quand il y aura lieu.

Ma mère avait reçu de sa mère au lit de mort une belle Bible de Royaumont, dans laquelle elle m'apprenait à lire quand j'étais petit enfant. Cette Bible avait, à toutes les pages, des gravures de sujets sacrés : = était Sara, = était Tobie et son ange ; = était Joseph ou Samuel ; = étaient — montagnes où Dieu descendait ; = étaient — déserts où les anges venaient montrer à Agar la source cachée pour ranimer son pauvre enfant banni et mourant de soif ; = étaient — fleuves qui sortaient du paradis terrestre ; = était — ciel où l'on voyait descendre et monter les anges sur l'échelle de Jacob ; = étaient surtout — belles scènes patriarcales où la nature solennelle et primitive de l'Orient était mêlée à tous les actes de la vie simple et merveilleuse des premiers hommes. Quand j'avais bien récité ma leçon et lu à peu près sans faute une demi-page de l'histoire sainte, ma mère découvrait la gravure ; et, tenant le livre ouvert sur — genoux, me la faisait contempler pour récompense. La vue de — gravures, les explications de ma mère, — commentaires poétiques, m'inspirèrent dès ma plus tendre enfance des goûts bibliques que j'ai toujours conservés.

D'après LAMARTINE.

8.

Aspect général du globe terrestre.

Les élèves remplaceront le signe — par un des pronoms *celui*, *celle*, *ceux*, *celles*; *ce*; et le signe = par un des pronoms *celui-ci*, *celle-ci*; *celui-là*, *celle-là*, *ceux-ci*, *ceux-là*; *celles-ci*, *celles-là*; *ceci*, *cela*, selon le sens de la phrase.

— qui considère la surface du globe terrestre sous un point de vue général, voit que — est, pour ainsi dire, une vaste mer, au milieu de laquelle se trouvent situées un grand nombre d'îles : = plus grandes, = plus petites. Tous — qui ont étudié la géographie savent que deux de ces îles portent le nom de continents. — qu'habitent les nations les plus anciennement civilisées s'appelle l'ancien continent, et renferme l'Europe, l'Asie et l'Afrique. Le nouveau continent est connu sous le nom d'Amérique; il est divisé en deux grandes presqu'îles bien distinctes : = s'appelle l'Amérique septentrionale; = l'Amérique méridionale. Un vaste archipel s'étend au sud-est de l'Asie : = forme une cinquième partie du monde, appelée Océanie. Au centre de cet archipel, la Nouvelle-Hollande s'élève comme une reine au milieu de son cortége.

D'après MALTE-BRUN.

4.

Le but de l'instruction.

L'élève remplacera le signe — par un des pronoms conjonctifs *qui, que, quoi, dont;* et le signe ⚊ par un des pronoms *lequel, laquelle, lesquels, lesquelles; duquel, desquels, desquelles; auquel, auxquels, auxquelles.*

Si l'instruction avait seulement pour but de former l'homme aux belles-lettres et aux sciences, — l'utilité est pourtant incontestable et ⚊ on ne saurait trop recommander de s'adonner; si elle se bornait à lui donner cette habileté et cette éloquence — demandent les affaires; enfin, si, en cultivant l'esprit, elle négligeait de former le cœur, elle ne répondrait pas à tout ce — on a le droit d'en attendre, et ne nous conduirait pas à une des principales fins pour ⚊ nous sommes nés. Pour peu qu'on examine la nature de l'homme, ses inclinations, sa fin, il est aisé de reconnaître qu'il n'est pas fait pour lui seul, mais pour la société au sein de ⚊ la Providence l'a destiné à remplir quelque emploi. Il est membre d'un corps ⚊ il doit être utile; et, comme dans un grand concert, il doit se mettre en état de bien soutenir la partie — lui a été confiée, pour rendre l'harmonie parfaite.

D'après ROLLIN.

CHAPITRE IV.

EXERCICES SUR L'ADJÉCTIF.

PREMIÈRE SECTION.

EXERCICES SUR LES ADJECTIFS QUALIFICATIFS.

1.

L'hiver à la campagne.

Les élèves ouvriront une parenthèse après chaque adjectif en italique, et diront le genre et le nombre de cet adjectif, et le nom qu'il qualifie.

Connaissez-vous le spectacle *imposant* que présente la campagne au mois de novembre? Venez voir étinceler les *beaux* diamants du givre, entendre la *majestueuse* colère des vents à travers les champs dépouillés. Dans les bois, que vous croyez déshérités de toute végétation, le lierre fait verdoyer ses *nombreuses* colonnes ; le sol s'émaille de mousses *variées ;* l'ajonc s'élance entouré d'épines ; il écarte les glaçons pour fleurir, comme la pensée *consolante* d'une autre vie écarte les chagrins *amers* de ce monde. Enfin, admirez au-dessus de vos têtes une végétation *aérienne* et *pleine* de mystère : c'est le gui *druidique* avec ses fruits sans fleurs, ses fruits qui composent un bouquet divisé par trois perles aussi *transparentes* et aussi *blanches* que celles des sultanes. A votre re-

2

tour, la veillée, le charme des lectures, le récit des *antiques* histoires. C'est l'heure où le *petit* fagot devient le soleil du foyer ; le *pauvre* grillon, le rossignol des nuits d'hiver. Au milieu de cette *douce* tranquillité, la vie s'écoule sans amertume, et l'on voit arriver la mort sans l'appeler ni la craindre.

D'après HENRI DE LATOUCHE.

2.

Le Caire.

Remplacez le mot en italique par celui qui est dans la parenthèse ; et, par suite, faites tous les changements nécessaires.

La ville se présente à vous comme les mille petits *clochetons* (tourelles) d'un édifice gothique, au pied d'un *mont* (montagne) blanchâtre, assez escarpé et flanqué d'une citadelle à *dômes* (tours) blancs dans le *goût* (à la façon) turc. D'une part, vers la montagne, le désert avec son *sol* (surface) nu et désolé ; de l'autre, vers le Nil, des *champs* (campagnes) couverts d'une verdure brillante ; et, de temps en temps, de charmants *espaces* (pièces) d'eau, restes de l'inondation, miroitant au sein de cette verdure ; des *jardins* (terres) couverts d'*arbres* (plantes) épais et noirs, d'où s'élèvent, comme autant de gracieux *panaches* (aigrettes), des milliers de palmiers avec leurs beaux *festons* (grappes) rouges et dorés. Au milieu de ce contraste se trouve la ville, tout à fait

en harmonie avec ce paysage bizarre, immense ramas
d'*édifices* (constructions) à *toits* (toitures) plats sans
tuiles, noircis par la fumée et couverts de poussière;
de loin en loin, un *édifice* (construction) neuf, blanc
et scintillant, jaillit de ce tas de maisons grisâtres,
de ces rues étroites et noires, où se remue un *peuple*
(population) sale quoique très-brillant et bariolé; de
cette poussière, de cette fumée bleue, s'élancent vers
l'air libre mille et mille minarets couverts d'*orne-
ments* (ornementations) légers à l'arabe et cerclés de
leurs trois *rangs* (galeries) de dentelles superposées.
C'est un *tableau* (vue) enchanteur, fait pour enthou-
siasmer un peintre.

Extrait du MAGASIN PITTORESQUE.

3.

Les migrations des oiseaux.

L'élève remplacera le mot en italique par celui qui se trouve dans la
parenthèse ; et, par suite, fera tous les changements nécessaires.

Au retour du gai *printemps* (saison), lorsque les
fleurs s'empressent d'éclore, quel *désir* (voix) inconnu appelle dans nos climats l'*essaim* (troupe)
joyeux des oiseaux voyageurs? Cependant, des *ri-
vages* (rives) lointains de l'Afrique, ils s'élancent sur
l'aile des vents, traversent les mers, et, descendant
sur un *sol* (terre) hospitalier, le saluent de leurs
hymnes (chansons) joyeux. Ils y trouvent des festins

tout préparés par les mains de la Providence, et reconnaissent les *champs* (prairies) paternels où ils prirent leur premier *essor* (volée). Ici était le *nid* (couche) si doux de leurs frères, le berceau de leur enfance. Le gentil *loriot* (fauvette) a retrouvé son vieil *arbre* (aubépine), et le rossignol son épais *feuillage* (feuillée); chacun se prépare à de nouveaux *plaisirs* (joies), à de nouveaux *liens* (alliances). Mais, après avoir rempli les vœux de la nature, lorsque le *vent* (bise) glacial commence à ramener les frimas sous nos cieux, chaque espèce rassemble ses jeunes *enfants* (famille) pour les conduire dans des *climats* (régions) plus heureux.

ANONYME.

4.

Le vallon de l'Arno.

Les élèves remplaceront le mot en italique par celui qui se trouve dans la parenthèse; et, par suite, feront tous les changements nécessaires.

Le *vallon* (vallée) de l'Arno est le plus beau que j'aie vu dans le cours de mes longs *voyages* (pérégrinations). Ce *fleuve* (rivière) coule transparent et calme entre des *bords* (rives) fleuris. Des bois de pins d'un *vert* (verdure) perpétuel semblent descendre de tous les *coteaux* (collines) voisins pour se baigner au *fleuve* (rivière). Des *pavillons* (villas) élégants, délicieux; des *couvents* (chapelles) aériens, se dévoilent par intervalles au voyageur, tantôt au milieu d'un délicieux *jardin* (pelouse) comme un rêve de *bonheur* (félicité) passager, tantôt sur le *sommet* (cime) riant d'un *mont* (montagne) charmant, comme une pensée du ciel. C'est là que les jeunes *paysans* (paysannes) tressent la paille qui s'arrondit en chapeau sur la tête de toutes les dames de l'Europe. *Ouvriers* (ouvrières) à l'*air* (figure) franc et ouvert, rien ne trahit en eux l'origine rustique. Tel est le *chemin* (route) qui conduit à Florence. On sort de la ville : des *monts* (montagnes) bleus cernent le vaste horizon : c'est la couronne de Florence.

D'après MÉRY.

5.

L'âne.

Mettez cet exercice au féminin : *L'ânesse*.

L'âne est, de son naturel, aussi humble, aussi tranquille que le cheval (*cavale*) est fier et impétueux; il est patient, courageux même dans ses souffrances; il est sobre, et sur la qualité et sur la quantité de la nourriture; mais il est fort délicat sur l'eau : il ne veut boire que de la plus claire et aux ruisseaux qui lui sont connus. Il est susceptible d'éducation, et l'on en a vu d'assez bien dressés pour faire curiosité de spectacle. Dans la première jeunesse, il est gai, léger et gentil; mais, soit par l'âge,

soit par les mauvais traitements, il devient lent,
indocile et têtu. Il se montre attaché à son maître,
quoiqu'il en soit ordinairement maltraité; il est
pourvu de bons yeux, d'un odorat admirable et
d'une oreille excellente; il marche, il trotte et il
galope comme le cheval (*cavale*), mais moins vite,
parce qu'il est beaucoup plus lent dans tous ses mouvements et que ses pas sont petits; aussi, quelque
allure qu'il prenne, il est bientôt rendu.

D'après BUFFON. .

6.

Le diseur de bonne aventure.

L'élève mettra cet exercice au féminin : *La diseuse de bonne aventure.*

Un paysan voulut un jour connaître ce que l'avenir
lui réservait; il alla donc trouver un diseur de bonne
aventure qui, lui mettant sa sarbacane dans l'oreille:
« Le Ciel, lui dit-il, vous rendra père d'un garçon
(remplacez *garçon* par *fille*) bien gentil, bien mignon,
bien spirituel, bien malin; mais, puisqu'il faut tout
vous dire, un peu flatteur et délateur. Il s'insinuera
dans les bonnes grâces d'un empereur étranger, qui le
nommera duc et gouverneur de ses enfants. Il mé-
ritera cette distinction par les services qu'il rendra à
son puissant protecteur. Ce souverain sera traître,
vindicatif, ambitieux, cruel même; mais votre fils,

par ses sages conseils, opèrera en lui une métamor--
phose complète. A l'âge de vingt-cinq ans, votre
fils sera atteint d'une fièvre tierce ; mais, ne craignez
rien : un savant, mon successeur, le guérira radica-
lement... »

Notre diseur de bonne aventure allait continuer
son horoscope, lorsqu'un gendarme l'arrêta comme
abusant de la crédulité publique. Chacun se mit à
rire en voyant que notre prophète, qui prédisait
l'avenir des autres, n'avait pas prévu ce qui lui
arrivait ; et tout le monde demeura convaincu que
ce n'était qu'un impudent et un débiteur de men-
songes.

ANONYME.

7.

Histoire d'un vieux Roi et d'un jeune Paysan.

Les élèves traduiront cet exercice au féminin : *Histoire d'une vieille
Reine et d'une jeune Paysanne.*

I.

Il était une fois un roi si vieux, si vieux qu'il n'a-
vait plus ni dents ni cheveux ; il était sec, ridé,
sourd et presque aveugle ; sa tête branlait comme les
feuilles que le vent remue ; le bout de son nez et celui de son menton se touchaient ; il était rapetissé de
la moitié, tout pelotonné, et si courbé qu'on aurait

dit qu'il avait toujours été contrefait. Une fée, qui avait assisté à sa naissance, lui apparut et lui dit : Vous voilà bien caduc et bien souffrant : voulez-vous redevenir jeune et bien portant? Volontiers, répondit le vieux roi ; je serais même disposé à donner tous mes joyaux pour n'être âgé que de vingt ans. Il faut donc, continua la fée, donner votre vieillesse à quelque jouvenceau dont vous prendrez la jeunesse et la santé. Mais quel sera le jeune homme assez sot pour consentir à cet échange? Le roi, impatient, fit chercher partout un jeune homme qui voulût être vieux pour le rajeunir.

II.

Il vint beaucoup de pauvres qui voulaient vieillir pour être riches et comblés d'honneurs ; mais quand ils avaient vu le roi tousser, cracher, vivre de bouillie ; être sale, hideux, souffrant, grognon et radoteur, ils n'étaient plus disposés à se charger de ses années ; ils aimaient mieux rester mendiants et couverts de haillons. Il venait aussi des ambitieux, auxquels il promettait de hauts rangs et de grands honneurs. Mais que faire de ces rangs? disaient-ils après l'avoir vu : nous n'oserions nous montrer étant si dégoûtants et si affreux. Enfin, il se présenta un jeune villageois, beau comme le jour, qui demanda la couronne pour prix de sa jeunesse. Le roi en parut d'abord offensé ; mais que faire? à quoi sert-il de se fâcher? il voulait devenir jeune, vigoureux et vermeil. Voyons, dit le roi, je ne vous offrirai pas de vous nommer comte, duc ou marquis, je serai plus généreux : partageons mon royaume; vous en aurez une moitié et moi l'autre; c'est bien assez pour vous qui êtes un petit paysan. Non, répondit le jeune homme, cela n'est pas assez pour moi; je suis jeune et sain; vous, vous êtes vieux et cacochyme : je veux être roi tout seul; sinon, gardez vos cent ans, et moi ma jeunesse.

III.

Mais aussi, reprit le roi tout consterné, que ferais-je, si j'étais privé de mon royaume? Libre et content, vous ririez; joyeux et léger, vous danseriez comme moi, lui dit le jeune villageois. En parlant ainsi, notre petit paysan se mit à rire, à danser et à chanter. Le roi, qui ne se sentait pas disposé à en faire autant, lui dit : Que feriez-vous en ma place? vous n'êtes point accoutumé à ma vieillesse. Je ne sais pas, dit le paysan, ce que je ferais; mais je serais heureux de l'essayer; car j'ai toujours ouï dire qu'il était beau d'être roi. Pendant qu'ils étaient en marché, survint la fée, qui dit au paysan : Voulez-vous faire votre apprentissage de vieux roi, pour savoir si ce métier vous conviendra? Pourquoi non? dit le jeune homme. A l'instant même il se trouve tout ridé, tout courbé; ses cheveux blanchissent; il devient grondeur et rechigné; sa tête branle, et toutes ses dents aussi : il est déjà âgé de cent ans. Il est vêtu de riches habits et entouré de ducs, de comtes, de princes et d'ambassadeurs. On sert un

grand festin au nouveau roi, mais il est dégoûté et
ne saurait mâcher; il est honteux et étonné et ne
sait que dire et que faire; il ne fait que tousser et
cracher; il se regarde au miroir, et il se trouve plus
laid qu'un singe.

IV.

Cependant le vrai roi était dans un coin, qui riait
et qui commençait à devenir gentil et gai; ses cheveux revenaient et ses dents aussi; il redevenait
frais et vermeil; il se redressait, vif et léger, avec
mille petites façons; mais il était crasseux, couvert
d'habits sales qui semblaient avoir été traînés dans les
cendres. Il n'était pas accoutumé à cet équipage, et
les gardes, le prenant pour quelque serviteur subal-
terne, voulaient le chasser du palais. Alors le paysan lui dit : Vous voilà bien embarrassé de n'être
plus riche, et moi encore davantage de l'être : tenez,
reprenez cette couronne et rendez-moi mon habit
grossier. L'échange fut bientôt fait, et le roi de re-
vieillir et le paysan de rajeunir. Le changement fut
à peine fait que tous deux s'en repentirent, mais il
n'était plus temps. La fée les condamna à demeurer
chacun dans sa condition. Souffrant et tourmenté
par des douleurs de plus en plus aiguës, le roi s'é-
criait tous les jours : Hélas! si j'étais le petit paysan, à l'heure que je parle je serais logé dans une
chaumière et je vivrais de châtaignes; mais, peu
soucieux de ma condition, je danserais gaîment sous
l'orme avec les bergers. Que me sert d'être riche-

ment paré, d'être entouré de favoris et de courti-
sans, d'avoir un lit où je suis étendu sans cesse, et
de n'avoir personne capable de me soulager! Ce
chagrin augmenta ses maux; les médecins, qui
étaient sans cesse douze autour de lui, les augmen-
tèrent encore. Enfin, il mourut au bout de deux
mois. Le petit paysan dansait joyeux le long d'un
clair ruisseau avec ses camarades, quand il apprit la
mort du roi : il reconnut alors qu'il était heureux
d'avoir perdu la royauté.

D'après FÉNELON.

6.

Le riche et le pauvre.

L'élève traduira ce devoir au pluriel: *Les riches et les pauvres ;* mais
comme il n'a pas encore appris à conjuguer les verbes, nous indi-
quons, au moyen d'une parenthèse, la forme que chaque verbe en
italique devra avoir *au pluriel.*

I.

Qu'est-ce que le riche dans l'esprit du monde?
C'*est* (sont) un homme de jeux, de fêtes, de specta-
cles, d'amusements, dont toute la gloire consiste à
être orgueilleusement frivole, tout le mérite à être
complaisant pour ses passions, et qui, ne mettant de
bornes à ses désirs que celles de sa fortune, n'*est*
(sont) grand le plus souvent qu'à force de crimes et
de scandales.

Dans l'ordre de la Providence, *c'est* (sont) un ange de paix et de consolation, placé entre Dieu et les hommes pour achever la distribution des biens de la terre, *c'est* (sont) l'ambassadeur du ciel et comme l'apôtre de la Providence, obligé de la faire connaître à ceux qui l'ignorent, de la disculper auprès de ceux qui l'accusent. Et tel que l'astre dont l'éclat parle à tous les yeux de la gloire de son auteur, le riche, par ses bienfaits, *parle* (parlent) au cœur de tous les hommes de la sagesse et de la bonté divines; et, selon qu'il *est* (sont) avare ou généreux, sensible ou inexorable, il *devient* (deviennent) pour les peuples un objet de terreur ou de consolation; un ange, s'il *est* (sont) bienfaisant; un monstre, s'il *est* (sont) barbare.

II.

De même, qu'est-ce que le pauvre selon le monde? C'*est* (sont) un être isolé, proscrit, triste rebut de la société; qui *semble* (semblent), dit le sage, échappé à la Providence; qui *rampe* (rampent) dédaigné sur la surface de la terre; sur le front duquel la misère a comme imprimé un caractère de honte et d'ignominie; errant, fugitif, et comme retranché du reste des humains, il *est* (sont) rarement plaint et plus rarement encore secouru dans sa triste condition; réduit à rougir de son existence, il *semble* (semblent) avoir cessé d'être homme en devenant malheureux.

Dans l'ordre de la Providence, au contraire, le pauvre, c'*est* (sont) en quelque sorte le plus intéressant de ses ouvrages, et comme le secret de sa sagesse, qui a rendu le pauvre précieux et nécessaire au riche ; qui a voulu que le riche *fût* (fussent) le protecteur du pauvre et le pauvre le sauveur du riche, qu'il *délivre* (délivrent) du danger des richesses sur la terre, en lui offrant les moyens de les convertir en charités qui lui servent à acheter le ciel ; en sorte que le pauvre, dans l'ordre de la Providence, *est* (sont) un juge qui *tient* (tiennent) dans sa main le sort du riche, sur la tête duquel il *entasse* (entassent) des bénédictions ou des anathèmes.

D'après CAMBACÉRÈS.

9.

Portrait du Français.

L'élève mettra cet exercice au pluriel : *Portrait des Français*. Une parenthèse, ouverte après chaque verbe en italique, donne la forme sous laquelle ce verbe devra figurer au pluriel.

Fils aîné de l'antiquité, le Français, Romain par le génie, *est* (sont) Grec par le caractère. Inquiet et volage dans le bonheur, constant et invincible dans l'adversité ; formé pour les arts ; civilisé jusqu'à l'excès durant le calme de l'Etat ; grossier et sauvage dans les troubles politiques ; flottant comme un vaisseau sans lest au gré des passions ; à présent dans les cieux, l'instant d'après dans l'abîme ; enthousiaste du bien et du mal, faisant le premier sans en exiger de reconnaissance, et le second sans en sentir de remords ; ne se souvenant ni de ses crimes ni de ses vertus ; amant pusillanime de la vie pendant la paix, prodigue de ses jours dans les batailles ; vain, railleur, ambitieux ; à la fois routinier et novateur ; charmant dans son propre pays, insupportable chez l'étranger ; tour à tour plus doux que l'agneau, plus impitoyable que le tigre ; tel *fut* (furent) l'Athénien d'autrefois, et tel *est* (sont) le Français d'aujourd'hui.

D'après CHATEAUBRIAND.

---

§ O.

Les philosophes de l'antiquité.

Les adjectifs en italique sont au masculin singulier : l'élève les écrira au pluriel masculin ou féminin, selon le genre du nom qualifié. Le signe.. indique un adj. terminé en *al* au masculin singulier.

Les philosophes de l'antiquité étaient très-*frug*.. et très-*simple* dans leurs goûts, ce qui ne les empêchait pas d'être *savant*. Souvent, sous des dehors *glaci.*, ils cachaient un cœur excellent, donnaient des conseils *amic..* et rendaient des jugements *imparti..* Ils renonçaient le plus souvent aux nœuds *conjug..* pour mieux s'adonner à l'étude. Ils se livraient à des travaux *assidu*, à des méditations *continuel* sur les secrets de la nature et sur les sentiments *mor..* de l'homme. Ils ont bâti bien des systèmes *ridicule* sur la création de l'univers ; mais

ces rêveries *puéril,* ces illusions *fantastique* renfer-
maient les germes *fécond* des vérités que leurs suc-
cesseurs ont découvertes.

ANONYME.

11.

Le fraisier.

Les adj. en italique sont au masc. sing. : l'élève leur donnera le
genre et le nombre du nom qu'ils qualifient.

Un jour d'été, pendant que je travaillais, j'aperçus, sur un fraisier qui était venu par hasard sur ma
fenêtre, des mouches si *joli* que l'envie me prit de
les décrire. Il y en avait de *doré,* d'*argenté,* de
bronzé, de *tigré,* de *rayé,* de *bleu,* de *rembruni.* Les
unes avaient la tête *arrondi* comme un turban; d'autres, *allongé* en pointe de clou; à quelques-unes, elle
paraissait *obscur* comme un point de velours noir; elle
étincelait à d'autres comme un rubis. Il y en avait
qui avaient des ailes *façonné* en forme de lames de nacre; d'autres les avaient *large* et *semblable* à la plus
fine gaze. Toutes venaient sur cette plante pour des
raisons qui m'étaient tout à fait *inconnu :* les unes
arrivaient, les autres s'en allaient; il y en avait qui
étaient *immobile,* et *occupé* peut-être, comme moi,
à observer. Le lendemain, j'en vis de *nouvel,* que je
décrivis encore; mais il en vint les jours *suivant* un
si grand nombre et des espèces si *varié* que je laissai
là ces observations, quoique très-amusantes, parce

que je manquais de loisir, ou, pour dire la vérité,
d'expressions *propre*.

D'après BERNARDIN DE SAINT-PIERRE.

DEUXIÈME SECTION.

EXERCICES SUR LES ADJECTIFS DÉTERMINATIFS.

1.

Saint-Pierre de Rome.

Les élèves remplaceront le signe — par un des adjectifs détermina-
tifs *ce, cet, cette, ces.*

— monument, entrepris par le génie de Léon X,
est un des plus étendus que l'on connaisse. Rien ne
saurait exprimer — ravissement subit qui saisit
l'âme, lorsqu'on entre pour la première fois dans —
église, lorsqu'on se trouve sur — pavé de marbre,
parmi — piliers énormes, devant — colonnes de
bronze, à l'aspect de tous — tableaux, de toutes —
statues, de tous — mausolées, de tous — autels, et
sous — dôme...! enfin, dans — vaste enceinte à
laquelle — or, —marbre, —bronze et — toiles donnent tant de grandeur, de magnificence et de durée!
Il y a dans — église dix-huit années de la vie de
Michel-Ange. Vous prenez un mètre pour mesurer
la grandeur de — hardi monument! tout le temps
que j'y ai resté, j'ai pensé à Dieu... à l'Eternité :
voilà sa véritable grandeur.

D'après DUPATY.

2.

L'oie.

Les élèves remplaceront le signe — par un adjectif possessif.

L'oie est, dans le peuple de — basses-cours, un habitant qui a — élégance et — distinction. — corpulence, — port droit, — démarche grave, — plumage net et lustré, et — naturel social qui la rend susceptible d'un fort attachement et d'une longue reconnaissance, enfin — vigilance très-anciennement célébrée, tout concourt à nous représenter l'oie comme l'un des plus intéressants, et même des plus utiles de — oiseaux domestiques ; car indépendamment de la bonne qualité de — chair et de — graisse, dont aucun autre oiseau n'est plus abondamment pourvu, l'oie nous fournit cette plume délicate sur laquelle la mollesse aime à prendre — repos, et cette autre plume, instrument de — pensées, et avec laquelle nous écrivons ici — histoire et — éloge. *D'après* BUFFON.

3.

Action secrète de la Providence sur les empires.

L'élève remplacera, selon le sens, le signe — par le pronom pluriel *leur*, qui ne prend jamais d's, parce qu'il a une forme particulière, *lui*, pour le singulier ; ou bien, par une des formes *leur*, *leurs*, de l'adjectif possessif.

Dieu tient, du haut des cieux, les rênes de tous

les cœurs en sa main : tantôt il retient les passions,
tantôt il — lâche la bride, et par là il remue tout le
genre humain. Veut-il faire des conquérants, il fait
marcher l'épouvante devant — pas, et il — inspire
à eux et à — soldats une hardiesse invincible. Veut-
il faire des législateurs, il — envoie son esprit de
sagesse et de prévoyance ; il — fait prévenir les
maux qui menacent les empires, et — fait poser les
fondements de la tranquillité publique ; il éclaire
— désirs, il étend — vues, et puis il les abandonne
à — ignorances ; alors ils se précipitent aveuglément, ils s'embarrassent dans — propres subtilités,
et — précautions — sont un piége. C'est ainsi que
Dieu exerce ses redoutables jugements selon les règles de sa justice toujours infaillible.

D'après BOSSUET.

4.

Division du temps.

L'élève remplacera le signe — par l'adjectif numéral que réclame le
sens de la phrase.

On appelle jour, le temps que la terre met à tourner sur elle-même. Le jour se divise en — heures,
l'heure en — minutes, et la minute en — secondes.
Une année est le temps que la terre emploie à tourner
autour du soleil ; la durée de l'année est à peu près
de — jours et un quart ; mais comme il est essentiel

que l'année civile se compose d'un nombre entier de jours, on fait trois années consécutives de — jours seulement, et la quatrième de — jours. Les années de — jours sont dites années communes, et l'année de — jours est nommée bissextile. L'année se divise en — mois; — de ces mois, janvier, mars, mai, juillet, août, octobre et décembre, ont chacun — jours : les — autres, avril, juin, septembre et novembre n'en ont que — . Dans les années communes, février n'a que — jours; mais, dans les années bissextiles, il en a —. L'année se divise encore en — semaines ; chaque semaine en — jours. En parlant de la vie humaine, les poètes donnent le nom de lustre à une durée de — ans. Enfin on appelle siècle une révolution de — ans.

ANONYME.

5.

Ruines de Pompéi et d'Herculanum.

L'élève ouvrira une parenthèse après chaque adjectif *numéral* en italique: si cet adjectif est *cardinal*, il dira l'adj. *ordinal* qui en dérive; si c'est un adjectif *ordinal*, il dira de quel adj. *cardinal* il est dérivé.

Les villes de Pompéi et d'Herculanum furent englouties par une éruption du Vésuve, vers l'an *soixante-dix-neuf* de notre ère. On les a retrouvées, en creusant la terre, seulement au commencement du *dix-huitième* siècle. Sa lave fondue avait comblé, dans quelques endroits, les rues et les maisons, à la hauteur de *vingt* mètres au-dessus des toits, dans d'autres jusqu'à *quarante* mètres. Rien de plus curieux que le résultat des fouilles qu'on a faites. Après un enfouissement de plus de *dix-sept* siècles, on a retrouvé des squelettes, et jusqu'à du pain et d'autres aliments prêts à être servis au moment du désastre. L'étendue de Pompéi n'excède guère celle de la cour et du jardin des Tuileries ; et cependant, dans la *cinquième* partie de cette enceinte, on a déjà trouvé *un* amphithéâtre, *deux* théâtres, *cinq* places entourées de portiques, *trois* thermes, *neuf* temples, plus de *mille* maisons, sans compter un grand nombre d'édifices plus ou moins considérables affectés à des usages publics.

D'après RAOUL ROCHETTE.

C.

Cadix.

L'élève remplacera le signe — par celui des adjectifs indéfinis aucun, autre, certain, chaque, nul, plusieurs, quel, quelque, tout, que réclame le sens de la phrase ; il aura soin de faire accorder cet adjectif avec le nom.

Cadix est la fille bien-aimée du soleil ; son œil de flamme la couvre de — ses rayons les plus ardents ; de sorte que, de — côté qu'on arrive, la ville semble nager dans la lumière. — teintes cependant saisissent la vue : le bleu du ciel, le blanc des maisons et le vert des jalousies. Mais — belles couleurs ! De temps en temps, à travers les grilles d'un balcon, sortent les branches d'une plante dont — fleur rayonne sur la muraille comme une étoile de pourpre. — part, en Espagne, je n'ai vu les maisons si élevées; c'est que Cadix ne peut s'étendre ni à droite ni à gauche, et que cette ville se trouve forcée de demander à la hauteur ce que son étroit ilot lui refuse en largeur; aussi — maison se hausse-t-elle sur la pointe du pied, l'une pour regarder le port, l'autre la mer, celle-ci Séville, celle-là Tanger. — monument, — palais, — musée ne mérite d'être visité à Cadix; une cathédrale d'assez mauvais goût, voilà tout. Mais on vient chercher — chose à Cadix : on y vient chercher ce ciel bleu, cette mer bleue, et ce souffle de vie qui court dans l'air.

D'après ALEXANDRE DUMAS.

CHAPITRE V.

1.

Les enfants au jardin des Tuileries.

L'élève ouvrira une parenthèse après chaque verbe en italique, et écrira ce verbe au *présent de l'infinitif.*

Voulez-vous jouir de tous les enchantements, *entrez* au jardin des Tuileries un jour d'été, à l'heure où le soleil et l'ombre *tombent* du haut des massifs et *parent* le sol d'une lueur dorée. De tous côtés, vous *verrez* des groupes d'enfants dans les toilettes les plus gracieuses et les plus commodes : petits garçons, petites filles, en pantalons, en tuniques, en robes flottantes de toutes couleurs, *courant, dansant, chantant* des rondes, et *jouant* à la corde et au cerceau, avec ces grâces vives et naïves qui n'*appartiennent* qu'au premier âge. Bonnes mères, *jouissez* de vos chers enfants, *laissez* la bienveillante nature développer leurs membres délicats; d'autres bientôt *orneront* leur esprit, *cultiveront* leur intelligence; mais *c'est* à vous seules à les armer pour le monde qui déjà les *réclame. Entendez*-vous ces murmures prolongés? on *dirait* les roulements lointains de l'océan; c'est la cité qui *gronde*, c'est sa voix qui vous les *réclame.* Hélas! pauvres enfants! ils n'au-

ront fait que *passer* sous ces ombrages... Encore quelques jours, et ils *iront* se perdre à jamais dans ces tempêtes dont les bruits formidables *arrivent* jusqu'à vous.   *D'après* AIMÉ MARTIN.

_____

2.

Avantages de la propreté.

L'élève dira à *quelle conjugaison* appartient chacun des verbes en italique.

Parmi les soins que l'on *donne* au corps, il en *est* qui *ont* une influence morale, peu sensible en apparence, mais très-réelle. Tels *sont* ceux de la propreté. La propreté sur la personne, dans les vêtements, est l'une des règles les plus certaines de l'hygiène ; elle *prévient* une foule de maladies ; elle *entretient* la fraîcheur et *facilite* le jeu de tous les organes ; elle entretient aussi les idées de décence, les habitudes d'ordre ; elle *concourt* à *inspirer* le respect que l'homme se *doit* à lui-même, elle l'*accoutume* à la vigilance sur soi ; elle *commande* la modération, l'attention, la retenue en beaucoup de choses ; elle *dispose* au travail, elle *répand* une certaine sérénité dans l'esprit ; elle *offre* l'image sensible de la pureté intérieure de l'innocence : elle est aussi un égard pour les autres ; elle *plaît,* elle *attire* la bienveillance ; elle facilite le commerce de la vie : elle est un lien de sociabilité. La propreté *peut* être observée dans toutes les situations; il y *a* une propreté compatible avec la pauvreté elle-même.

D'après DE GÉRANDO.

3.

L'Infini.

L'élève écrira au *présent de l'infinitif* les verbes en italique, et séparera par un trait le *radical* de la *terminaison*.

J'ai roulé des milliers de fois la pensée de l'infini dans mes yeux et dans mon esprit, en *regardant* du haut d'un promontoire ou du pont d'un vaisseau le soleil *descendre* sous l'horizon; et plus encore en *voyant* l'armée des étoiles *commencer*, sous un beau firmament, sa revue et ses évolutions devant Dieu. Quand on *pense* que le télescope d'Herschell *a compté* déjà plus de cinq millions d'étoiles; que chacune de ces étoiles *est* un monde plus grand et plus important que ce globe de la terre; que ces cinq millions de mondes ne sont que les bords de cette création; que si nous *parvenions* sur le plus éloigné, nous *apercevrions* de là d'autres abîmes d'espace infini comblés par d'autres mondes incalculables, et que ce voyage *durerait* des myriades de siècles, sans que nous *pussions atteindre* jamais aux limites entre le néant et Dieu: on ne compte plus, on n'*admire* plus, on *reste* frappé de vertige et de silence, on *tombe* à genoux et l'on *adore*.

D'après LAMARTINE.

4.

Le chant des oiseaux.

L'élève ouvrira une parenthèse après chaque verbe en italique, et indiquera le sujet exprimé ou sous-entendu de ce verbe.

La nature *a* ses temps de solennité pour lesquels elle *convoque* des musiciens des différentes régions du globe. On *voit* alors accourir de savants artistes avec des sonates merveilleuses, de vagabonds troubadours qui ne *savent* que des ballades à refrain, des pèlerins qui *répètent* mille fois les couplets de leurs longs cantiques. Le loriot, perché sur la plus haute branche d'un ormeau, *siffle* et *défie* notre merle; l'hirondelle *gazouille* sous un toit hospitalier; le ramier, caché dans le feuillage d'un chêne, *prolonge* ses roucoulements semblables aux sons onduleux d'un cor dans les bois. Enfin, le rouge-gorge répète sa petite chanson sur la porte de la grange où il *a placé* son gros nid de mousse; mais le rossignol *dédaigne* de perdre sa voix au milieu de cette symphonie : il *attend* l'heure du recueillement et du repos, et *se charge* de cette partie de la fête qui *doit* se célébrer dans les ombres.

D'après CHATEAUBRIAND.

5.

Une anecdote sur l'immortalité de l'âme.

Ouvrez une parenthèse après chaque verbe en italique, et dites quel est le sujet exprimé ou sous-entendu de ce verbe.

Un Hollandais *fut présenté* au roi de Siam, et *eut*

3

avec lui une longue conversation. Le roi *écoutait* avec
ravissement le récit des merveilles de l'Europe. Le
Hollandais *s'avisa* de dire qu'il *y avait* une saison de
l'année où les habitants de son pays *marchaient* sur
l'eau à pied sec. Le roi, qui jusqu'alors *avait montré*
une singulière satisfaction, *change* tout à coup de
visage; et, prenant un air courroucé: « Je n'*aime* pas
les imposteurs, *dit*-il, *retirez*-vous. »

Le roi de Siam n'*avait* jamais *vu* l'eau que dans un
état de fluidité. Il ne *soupçonnait* pas que le froid *pût*
la rendre solide, et lui donner assez de consistance
pour supporter le poids d'un homme. Nous *sommes*
tous *nés*, et nous *vivons* tous au milieu de la matière:
l'idée d'un état où l'on *pourrait* sentir et penser sans
soupçonner l'existence du corps, nous *paraît* d'abord
une chimère; et nous *nions* la possibilité d'un tel
état. Le roi de Siam qui *nie* la glace, *c'est* le maté-
rialiste qui *nie* l'âme.

D'après LAROMIGUIÈRE.

6.

Impressions du voyageur au milieu de l'océan.

L'élève ouvrira une parenthèse après chaque mot en italique, et dira
de quel verbe exprimé ou sous-entendu ce mot est le *sujet*.

Quel sublime tableau déroule l'*océan* aux regards
de celui *qui* le parcourt pour la première fois! Perdu
dans l'immensité de ce désert mouvant, séparé de

l'abîme sans fond par la frêle planche du navire, l'*homme* se livre tour à tour à des mouvements d'orgueil et d'effroi. La *pensée* de tout ce que peut son *industrie* relève son imagination que la *grandeur* de la nature accable. Là, comme sur la terre, la *nuit* a ses beautés : reflétés et grossis par le miroir des eaux, les innombrables *flambeaux qui* brillent attachés à la voûte du firmament nous *entretiennent* de la puissance infinie *qui* a tout créé. L'*homme* frivole s'étonne de penser et de sentir ; le *sceptique,* de croire ; *celui qui* souffre, de retrouver espoir et courage ; avec la force *qui* peut tout, se révèle à notre âme la *bonté qui* console.

D'après DE SALVANDY.

7.

Les fleurs.

Ouvrez une parenthèse après chaque mot en italique, et dites de quel verbe exprimé ou sous-entendu ce mot est le *sujet.*

Chefs-d'œuvre de délicatesse et de grâce, les *fleurs* sont les bijoux de la nature ; *rien* n'est plus admirable que ces fraîches *corolles,* vases charmants où la *Divinité* a renfermé le miel, cette moisson délicieuse que toute la *puissance* de l'homme ne saurait extraire, et qu'un faible *insecte* lui présente dans des coupes dorées. Vêtues des plus brillantes couleurs, ces *filles* de l'air inspirent une douce joie ; le *sage* en couronne ses cheveux blancs, et la *pudeur* les pose sur son sein ; aussi, les *grands* de la terre les prodiguent-ils dans leurs fêtes. Mais la *nature, qui* ne connaît ni riches ni pauvres, a placé à la porte de la cabane les mêmes fleurs dont les *reines* ornent leur front.

D'après AIMÉ MARTIN.

8.

L'heure du midi aux champs.

Les élèves chercheront les *compléments directs* des verbes en italique.

Aux champs, l'heure du midi est celle du silence, du repos, de la rêverie. Pendant que le soleil *darde* ses rayons sur la plaine, hommes et animaux *suspendent* leur labeur; les insectes seuls, animés par la chaleur, bourdonnent à l'envi dans les airs, *formant* une lointaine musique que semble *augmenter* le silence même. Alors, j'*écoute* avec délice le bruissement des grillons; ou bien, étendu sur le dos, je *regarde* au firmament les métamorphoses d'un nuage; d'autres fois, couché contre terre, je *considère*, sur le pied d'un saule creux, une mousse humide, toute parsemée d'imperceptibles fleurs; je *découvre* bientôt, dans ce petit monde, des montagnes, des vallées, d'ombrageux sentiers fréquentés par quelque insecte d'or, par une fourmi diligente. Tous ces objets *présentent* à mon esprit une idée de mystère et de puissance qui m'*élève* insensiblement de la terre au ciel ; et alors, *sentant* fortement la présence du Créateur, je *nourris* mon cœur de grandes et délicieuses pensées.

D'après TOPFFER.

9.

Le jardin des Olives.

L'élève ouvrira une parenthèse après chaque mot en italique, et dira de quel verbe ce mot est le *complément direct*.

Le jardin des Olives n'est pas loin du sanctuaire de la Vierge. Les huit oliviers *que* l'on voit encore dans cet enclos sacré, et qui sont restés jusqu'à ce jour, ont pu être témoins des souffrances du Sauveur. Oh! que j'aime à *voir* l'*arbre* le plus triste choisi pour étendre ses *rameaux* sur les douleurs d'un Dieu ! A l'heure de l'agonie du Fils de l'homme, qui sait si du pâle feuillage de l'olivier ne découlèrent point quelques larmes? De tous les lieux saints *que* j'ai visités, le jardin des Olives est celui qui m'*a* le plus ému. Ce sol, ces pierres, ces arbres antiques ont entendu les *soupirs* du Christ, ont vu ses mystérieuses *tristesses*, et quelquefois je *me* surprends leur demandant s'ils n'ont point retenu des *paroles* ou gardé des secrets qui pussent nous aider à comprendre l'*âme* d'un Dieu livrée aux angoisses.

D'après POUJOULAT.

10.

Jean-Jacques Rousseau au comte de Lastic.

L'élève cherchera les *compléments indirects* des verbes en italique.

Monsieur,

Sans avoir l'honneur d'*être connu* de vous, j'espère qu'ayant à vous *offrir* des excuses et de l'argent, ma lettre ne saurait être mal reçue.

J'apprends que mademoiselle de Cléry *a envoyé* de Blois un panier à une bonne vieille femme nommée Mme Levasseur, et si pauvre qu'elle demeure chez moi; que ce panier contenait, entre autres choses, un pot de vingt livres de beurre; que le tout est parvenu, je ne sais comment, dans votre cuisine; que la bonne vieille, l'ayant appris, a eu la simplicité de vous *envoyer* sa fille, avec la lettre d'avis, vous *redemander* son beurre ou le prix qu'il *a coûté;* et qu'après *vous être moqués* d'elle, vous et madame votre épouse, vous *avez,* pour toute réponse, *ordonné* à vos gens de la chasser. J'ai essayé de consoler la bonne femme affligée, en lui *expliquant* les règles du grand monde et de la grande éducation; je lui *ai prouvé* que ce ne serait pas la peine d'*avoir* des gens à son service, s'ils ne *servaient* à chasser le pauvre quand il vient réclamer son bien; et, en lui *montrant* combien justice et humanité sont des mots roturiers, je lui *ai fait comprendre* à la fin qu'elle est trop honorée qu'un comte ait mangé son beurre. Elle me *charge* donc, monsieur, de vous *témoigner* sa reconnaissance de l'honneur que vous lui *avez fait,* son regret de l'importunité qu'elle vous *a causée,* et le désir qu'elle aurait que son beurre vous *eût paru* bon.

Que si, par hasard, il vous en *a coûté* quelque chose pour le port du paquet à elle *adressé,* elle offre de vous le *rembourser,* comme il est juste. Je n'attends là-dessus que vos ordres pour exécuter ses intentions, et vous *supplie* d'agréer les sentiments avec lesquels j'ai l'honneur d'être, monsieur, votre très-humble serviteur.

J.-J. Rousseau.

11.

Le figuier des Indes.

L'élève ouvrira une parenthèse après chaque mot en italique, et dira à quel verbe ce mot se rattache comme *complément indirect.*

Cet arbre est une des plus belles productions de la nature dans l'Inde. De larges feuilles, douces au toucher, et d'un vert tendre à la vue, au milieu desquelles brillent de petites figues, d'un rouge écarlate, donnent une ombre paisible et salutaire au *voyageur* fatigué. Les Indous ont la plus grande vénération pour cet *arbre,* et *lui* rendent, en quelque sorte, les honneurs divins. Les branches de ce bel arbre servent de *demeure* à une *infinité* d'animaux.

On y remarque surtout des paons, des écureuils et des singes. On peut facilement *se faire une idée* du mouvement continuel qu'y produit la nombreuse population de ces derniers. Rien de si divertissant que leurs mines grotesques, leur humeur fantasque et les leçons qu'ils donnent à leurs *petits* pour *leur* apprendre à devenir agiles, et à sauter adroitement de branche en branche. Ces leçons, qui sont accompagnées de *caresses*, quand l'élève est docile, et de *coups*, quand il est revêche, le conduisent insensiblement à *faire* sans crainte les sauts les plus périlleux, et l'habituent à cette *adresse* vive et souple qui distingue ces animaux de tous *les autres*.

MERVEILLES DU MONDE.

12.

L'Alsace.

Les élèves chercheront les *compléments circonstanciels* des verbes en italique.

Connaissez-vous l'Alsace? Je la connais, moi; oh! c'est un beau pays. Le fer *dort* dans ses montagnes, les collines *se cachent* sous les vignes, le blé *ondoie* dans les plaines; le Rhin *bondit* sur ses flancs; des flèches gothiques *s'élancent* des bourgades et des villes vers le ciel; des hommes forts *marchent* sous ces obélisques chrétiens, et *portent* sur leur front la trace de leur origine. Oui, c'est un beau pays que l'Alsace! Aussi, quand je l'aborde; et que, du sommet des Vosges, cette noble vallée *se déroule* avec les suaves ondulations de ses collines, avec ses routes qui *se croisent* de mille façons; que le Rhin *brille* argenté sous les feux du soleil; que la chaine de la Forêt-Noire *se montre* à l'horizon lointain; et qu'au centre de cet immense jardin *s'élève*, comme un phare gigantesque, la cathédrale majestueuse, la pyramide aérienne, le joyau du moyen âge, l'orgueil de nos jours; alors je crois *revenir* d'un long exil dans la Terre-Promise, et je *salue* avec un orgueil toujours nouveau l'Alsace, ma patrie.

D'après LAVATER.

13.

Bienfaits inspirés par la Religion.

Les élèves ouvriront une parenthèse après chaque *complément circonstanciel* en italique, et diront à quel verbe ce complément se rattache.

La Religion se place au *milieu* de la société pour en *rapprocher* toutes les parties. Elle établit entre les divers *rangs* de la société une communication de bienfaits et de services; elle députe vers l'*affligé* des consolateurs; elle place des appuis autour de l'*orphelin* et de la *veuve*. Parcourez ces nombreux établissements qui remplissent les villes et se répandent jusque dans les *campagnes*, c'est à la Religion que la société les doit. Elle pénètre sous l'humble *toit* du malade, et va lui *porter* les soulagements et les

remèdes ; elle prend sous son *autorité* l'enfance, lui
enseigne les éléments des sciences et les fondements
des devoirs ; elle descend jusque sous ces *voûtes* où
se trouvent ceux que le glaive de la loi a frappés ;
elle étend sa main bienfaisante même sur le *criminel,*
et l'invite au repentir en lui *prodiguant* ses services.
Lorsque tout l'abandonne, elle seule lui reste ; quand
la société le rejette, elle l'appelle dans son *sein ;* elle
le suit jusque sur l'*échafaud,* et sous la *main* venge-
resse qui punit ses forfaits, elle le soutient encore
par ses espérances.

D'après LA LUZERNE.

14.

La mauvaise foi punie.

L'élève ouvrira une parenthèse après chaque verbe en italique, et dira
à quel mode est ce verbe.

Au commencement du dix-huitième siècle, un
marchand turc *perdit* une bourse *contenant* deux
cents pièces d'or. Il la *fait réclamer* par le crieur
public, et *promet* la moitié de la somme à celui qui
l'*aura trouvée.* Un matelot *se présente* et *offre* de la
rendre moyennant la récompense assurée. Pour *élu-*
der sa promesse, le marchand *dit* qu'avec les deux
cents pièces d'or la bourse *contenait* une émeraude
d'un très-grand prix ; qu'il *faut* que le matelot la
lui *rende,* s'il *veut avoir* la moitié de la somme. Celui-

ci *prend* le Ciel et le Prophète à témoin qu'il n'*a* point *trouvé* d'émeraude. Il *est conduit* avec le réclamant de chez le cadi devant le grand-visir, qui dit au marchand : « La bourse que vous *avez perdue contenait*, outre deux cents pièces d'or, une émeraude précieuse; le matelot *proteste* que la bourse qu'il *a trouvée* ne *contenait* que deux cents pièces d'or : il *est* donc manifeste que cette bourse et l'or qu'elle *contient* ne *sont* point l'objet que vous *réclamez*. Pour qu'on ne s'y *trompe* plus, vous *aurez* soin de *faire annoncer* par le crieur une bourse *contenant*, avec deux cents pièces d'or, une émeraude d'un grand prix. Quant au matelot, il *gardera* pendant quarante jours l'or qu'il *a trouvé*, et si celui qui l'*a perdu* ne *se présente* pas dans cet espace de temps, il en *jouira* comme d'un bien à lui *appartenant*.

ANONYME.

15.

La prière du matin.

Les élèves ouvriront une parenthèse après chaque verbe en italique, et diront si ce verbe est au *présent*, au *passé* ou au *futur*; ils en indiqueront aussi le *nombre* et la *personne*.

Quand nous *étions réveillés* dans nos petits lits, que le soleil si gai du matin *étincelait* sur nos fenêtres, que les oiseaux *chantaient* sur nos rosiers ou dans leurs cages, notre mère *entrait*, le visage toujours rayonnant de bonté, de tendresse et de douce joie; elle nous *embrassait* dans nos lits; elle nous *aidait* à nous habiller; elle *écoutait* ce joyeux petit ramage d'enfants dont l'imagination rafraichie *gazouille* au réveil, comme un nid d'hirondelles sur le toit quand la mère *approche;* puis elle nous *disait*: « A qui *devons*-nous ce bonheur dont nous jouis-« sons? — A Dieu, notre Père céleste. Sans lui, ce « beau soleil ne *se serait* peut-être pas *levé;* ces ar-« bres *auraient perdu* leurs feuilles ; les gais oiseaux « *seraient morts* de faim et de froid sur la terre nue; « et vous, mes pauvres enfants, vous n'*auriez* ni lit, « ni maison, ni jardin, ni mère pour vous abriter et « vous nourrir, pour vous réjouir toute votre saison! « Il *est* bien juste de le remercier de tout ce qu'il « nous *donne* avec ce jour, de le prier de nous donner « beaucoup d'autres jours pareils. »

Alors, je ne l'*oublierai* jamais, elle *se mettait* à genoux devant notre lit, elle *joignait* nos petites mains, et souvent en les baisant dans les siennes, elle *faisait* lentement et à demi-voix la courte prière du matin, que nous *répétions* avec ses inflexions et ses paroles.   *D'après* LAMARTINE.

16.

Les feuilles.

Ouvrez une parenthèse après chaque verbe en italique, et dites à *quelle sorte*, sous le rapport du complément, ce verbe appartient.

A peine le soleil du printemps *a réchauffé* la terre,

qu'on *voit* de toutes parts les feuilles *s'empresser* de *déchirer* les tuniques qui leur *ont servi* de berceau. Les arbres *se coiffent* de vertes chevelures sous lesquelles leurs fronts *se rajeunissent.* Variées dans leur port comme dans leurs teintes, elles *se groupent, se divisent, s'étalent* ou *flottent* avec grâce. Tantôt, elles *s'arquent* et *retombent* en guirlandes; tantôt, moins modestes, elles *s'élèvent* en faisceaux et en gerbes. Ici, c'est une flèche que l'on *décoche;* là, c'est une touffe azurée qui *se marie* agréablement à l'horizon. Des feuilles innombrables *s'étendent* tout à coup dans les airs, pareilles à l'épée qui *sort* du fourreau, à l'éventail que l'on *déplisse* ou à la pièce d'étoffe que l'on déroule. Peu de jours *se sont écoulés,* et déjà l'ombre est tellement épaisse que l'on *serait tenté* de *demander* où donc *avaient été mises* en réserve ces riches et fraiches tentures dont *s'est paré* en un instant le séjour de l'homme.

D'après KÉRATRY.

17.

Brunswick.

Ouvrez une parenthèse après chaque verbe en italique, et dites à quelle espèce, sous le rapport du complément, ce verbe appartient.

Brunswick est une charmante petite ville. *Figurez-vous* des groupes de maisons aux pignons sveltes, aux toits rouges, et *s'éparpillant* dans les arbres parmi les peupliers et les ormes. Presque toutes ces maisons, espèces de chalets, *sont entourées* à leur base de végétations grimpantes qui les *escaladent* sans efforts, *se glissent* dans leurs fissures, *s'accrochent* à leurs balcons de bois, pour *aller s'épanouir* autour de leurs fenêtres. Rien de plus gai, rien de plus tranquille, rien de plus gracieux. Si vous *arrivez* là avec l'aurore, il vous *semblera voir* une ville construite dans les nuages. En effet, noyée dans les vapeurs bleuâtres qui *s'exhalent* du sol, elle *dérobe* ses pieds, et *semble* bercée au-dessus de la terre. Une petite rivière polie comme de l'acier, transparente et indiscrète comme un miroir, calme comme le sommeil, lui sert de ceinture, et, après *s'être nouée* au flanc de la gracieuse ville, *laisse* le bout de son ruban liquide *se perdre* en *flottant* entre deux charmantes collines. Quand on *surprend* cette ville dans son sommeil matinal, à l'heure où les oiseaux *s'éveillent*, on *comprend* que l'innocence, le bonheur et la vertu *doivent pousser* là comme marguerites aux champs. Les petits enfants, tous blonds, tous roses, y *ont* l'air de petits anges égarés qui *redemanderaient* en riant le chemin du ciel. De belles filles avec des yeux francs, des hommes avec une pensée dans le regard, avec de la tendresse dans toute leur personne, avec une douce et communicative urbanité dans la parole : voilà ce dont l'œil et l'esprit *se sentent* frappés aux premiers pas qu'on *fait* dans ce petit Eden.

D'après ALEXANDRE DUMAS fils.

18.

Les deux chiens de Lycurgue.

*L'élève mettra au **présent de l'indicatif** les verbes en italique.*

Lycurgue se *fit* un jour apporter deux petits chiens de même race, et les *éleva* d'une manière absolument différente. Il *nourrit* l'un avec délicatesse, et *forma* l'autre aux exercices de la chasse. Quand ils *furent* grands, il *amena* ses deux élèves sur la place publique, *fit* apporter devant eux des mets friands, et *lâcha* ensuite un lièvre. Aussitôt, le chien délicatement élevé se *jeta* sur les mets offerts à sa sensualité; l'autre *s'élança* avec ardeur à la poursuite du lièvre. En vain, l'animal timide *essaya* de se dérober à l'ennemi; le chien le *pressa*, l'*attrapa* et l'*apporta* à son maitre. Tous les spectateurs se *mirent* à applaudir. Alors Lycurgue, s'adressant à l'assemblée : « Ces deux chiens, s'écria-t-il, sont de la même race; voyez cependant la différence que l'éducation *a mise* entre eux. » *Traduit du* GREC.

19.

L'organisation du papillon est supérieure à celle de la rose.

L'élève mettra cet exercice à la première personne du singulier; pour cela, il supposera que c'est le papillon lui-même qui fait l'énumération de ses qualités : *Je surpasse*, etc.

Le papillon surpasse la reine des fleurs en harmonie de formes et de mouvements. Considérez avec quel art sont composées les quatre ailes dont il se sert si adroitement, la régularité des écailles qui le recouvrent comme des plumes, la variété de leurs teintes brillantes, les dix pattes armées de griffes avec lesquelles il résiste au vent, la trompe roulée avec laquelle il pompe sa nourriture au sein des fleurs, les antennes, organes exquis du toucher qui couronnent sa tête, et le réseau admirable d'yeux dont elle est entourée. Mais, ce qui le rend bien supérieur à la rose, il possède, outre la beauté des formes, des facultés de premier ordre : il voit, il entend, il sent, il se meut, il veut. C'est pour le nourrir que la rose entr'ouvre son sein; c'est pour protéger ses œufs collés comme un bracelet autour de ses branches, qu'elle est entourée d'épines. La rose ne voit ni n'entend l'enfant qui accourt pour la cueillir; mais le papillon, posé sur elle, échappe à la main qui veut le saisir, s'élève dans les airs, s'abaisse, s'éloigne, se rapproche; et, après s'être joué du chasseur, il prend sa volée et va chercher sur d'autres fleurs une retraite plus assurée.

D'après BERNARDIN DE SAINT-PIERRE.

30.

Vie privée de Fénelon.

Les élèves mettront au *présent de l'indicatif* les verbes en italique.

Son humeur *était* égale, sa politesse affectueuse

et simple, sa conversation féconde et animée. Une gaîté douce *tempérait* en lui la dignité de son ministère, et le zèle de la religion n'*avait* chez lui ni sécheresse ni amerture. Sa table *était* ouverte à tous les voyageurs. Il *trouvait* encore des moments à leur donner, au milieu des devoirs et des fatigues de l'épiscopat. Son sommeil *était* court, ses repas d'une extrême frugalité, ses mœurs d'une pureté irréprochable. Il ne *connaissait* ni le jeu ni l'ennui; son seul délassement était la promenade; encore *trouvait*-il le secret de la faire rentrer dans ses exercices de bienfaisance. S'il *rencontrait* des paysans, il se *plaisait* à les entretenir. On le *voyait* assis sur l'herbe au milieu d'eux, comme autrefois saint Louis sous le chêne de Vincennes. Il *entrait* même dans leurs chaumières, et *recevait* avec plaisir tout ce que lui *offrait* leur simplicité hospitalière. Et tous *étaient* heureux, en pensant que leur toit rustique avait reçu (*a reçu*) Fénelon.

D'après LA HARPE.

21.

Le nouvelliste.

L'élève traduira cet exercice à la deuxième personne du singulier:
O nouvelliste, tu es un être...

Le nouvelliste est un être dont l'oisiveté est toujours occupée. Il est très-inutile à l'État, cependant il se croit considérable, parce qu'il s'entretient de projets magnifiques, qu'il agite de grands intérêts, et qu'il résout à sa façon les questions de la plus haute importance. Sa conversation ne s'étaye que sur une curiosité frivole et ridicule. Il sait tout, il connaît tout, il n'y a point de cabinets si mystérieux qu'il ne pénètre. A peine a-t-il épuisé le présent, qu'il se précipite dans l'avenir; et, marchant au-devant de la Providence, il la prévient sur toutes les démarches des hommes. Tantôt il s'assied gravement avec les plus fameux diplomates, il débat les questions les plus ardues, il convainc par la solidité de ses raisons, et il conclut les traités les plus avantageux. Tantôt, il déclare la guerre, il conduit un général par la main, il le loue de mille sottises qu'il n'a pas faites, et il lui en prépare mille autres qu'il ne fera pas. Il fait voler les armées comme les grues, et tomber les murailles comme des cartons. Il a des ponts sur toutes les rivières, il connait des routes secrètes dans toutes les montagnes, il possède des magasins immenses dans les sables brûlants; une seule chose lui manque : le bon sens.

D'après Montesquieu.

23.

Les lézards gris.

L'élève traduira cet exercice au singulier : *Le lézard gris.*

Ces jolis petits animaux, avec lesquels tant de

personnes ont joué dans leur enfance, ont reçu de la nature une parure élégante : leur taille est svelte, leur mouvement agile, leur course si prompte, qu'ils échappent rapidement à l'œil. Ils aiment à recevoir la chaleur du soleil; ayant besoin d'une température douce, ils cherchent les abris ; et lorsqu'un beau soleil de printemps éclaire un vieux mur, ils s'y étendent avec une espèce de volupté. Ils se pénètrent avec délice de cette chaleur bienfaisante; ils marquent leur plaisir par de molles ondulations de leur queue déliée ; ils font briller leurs yeux vifs et animés ; ils se précipitent comme un trait pour saisir une petite proie ou pour trouver un abri plus commode. Ils ne s'enfuient point à l'approche de l'homme; ils paraissent, au contraire, le regarder avec complaisance; mais, au moindre bruit qui les effraye, à la chute seule d'une feuille, ils se roulent, tombent et demeurent pendant quelques instants comme étourdis par leur chute, ou bien ils s'élancent, disparaissent, se troublent, reviennent, se cachent de nouveau, reparaissent encore, et décrivent en un instant plusieurs circuits tortueux que l'œil a peine à suivre, se replient plusieurs fois sur eux-mêmes, et se retirent enfin dans quelque asile, jusqu'à ce que leur crainte soit dissipée.

D'après LACÉPÈDE.

23.

Le premier homme fait le récit de ses premiers mouvements et de ses premières sensations après la Création.

L'élève traduira cet exercice au plur. : *Adam et Eve font le récit*, etc.;
il dira, par conséquent : *Nous nous souvenons*, etc.

I.

Je me souviens de cet instant plein de joie et de trouble où je sentis pour la première fois que j'existais; je ne savais ce que j'étais, où j'étais, d'où je venais. J'ouvris les yeux : j'eus un surcroît de sensations; il me sembla que je nageais dans la lumière; je m'extasiais à la vue de la voûte céleste; je promenais avec délice mes yeux sur la verdure de la terre; je me mirais dans le cristal des eaux; tout m'occupait, tout m'animait, et j'éprouvais un sentiment de plaisir que j'essayerais vainement d'exprimer. Je crus d'abord que tous ces objets étaient en moi et faisaient partie de moi-même. Je m'affermissais dans cette pensée naissante, lorsque je tournai les yeux vers l'astre de la lumière; je me sentis blessé par son éclat; je fermai involontairement la paupière, et j'éprouvai une certaine douleur. Dans ce moment d'obscurité, je crus que j'avais perdu tout mon être.

Affligé, saisi d'étonnement, je pensais à ce grand changement, quand tout à coup j'entendis des sons :

le chant des oiseaux, le murmure des airs formaient
un concert dont la douce impression me remuait
jusqu'au fond de l'âme; j'écoutai longtemps, et je
me persuadai bientôt que cette harmonie était moi.

II.

Attentif, occupé tout entier de ce nouveau genre
d'existence, j'oubliais déjà la lumière, cette autre
partie de mon être que j'avais connue la première,
lorsque je rouvris les yeux. Quelle joie quand je me
retrouvai en possession de tant d'objets brillants!
Mon plaisir surpassa tout ce que j'avais senti la première fois, et suspendit pour un temps le charmant
effet des sons.

Je fixai mes regards sur mille objets divers; je
m'aperçus bientôt que je perdais et retrouvais ces
objets à volonté, et que je détruisais et reproduisais
à mon gré cette belle partie de moi-même; et quoique je la trouvasse immense en grandeur, je crus
reconnaître que tout était contenu dans une portion
de mon être.

Cependant je m'habituais à voir sans émotion, je
commençais à entendre sans trouble, lorsqu'un air
léger, dont je sentis la fraîcheur, m'apporta des
parfums dont je ressentis un épanouissement in-
time, et je conçus un sentiment d'amour pour moi-
même. Agité par toutes ces sensations, pressé par
les plaisirs d'une si belle et si grande existence, je
me levai tout à coup, et je me sentis transporté par

une force inconnue. Je ne fis qu'un pas; la nouveauté de ma situation me rendit immobile, je fus extrêmement surpris, je crus que mon existence fuyait : le mouvement que j'avais fait avait confondu les objets; je croyais que tout était en désordre.

III.

Je portai la main sur ma tête, je touchai mon front, mes yeux; je parcourus mon corps; je crus découvrir que ma main était le principal organe de mon existence. Ce que je sentais dans cette partie était si distinct et si complet, la jouissance m'en paraissait si parfaite, en comparaison du plaisir que j'avais goûté quand j'avais vu la lumière, quand j'avais entendu les sons, que je m'attachai tout entier à cette partie solide de mon être, et je sentis que mes idées prenaient de la profondeur et de la réalité.

Tout ce que je touchais sur moi semblait rendre à ma main sentiment pour sentiment, et chaque attouchement produisait dans mon âme une double idée. Je m'aperçus bientôt que cette faculté de sentir était répandue dans toutes les parties de mon être; je reconnus alors les limites de mon existence qui m'avait d'abord paru immense en étendue.

J'avais jeté les yeux sur mon corps; je le jugeai d'un volume énorme, et si grand, que tous les autres objets que je voyais ne me paraissaient, en comparaison, que des points lumineux. Je m'examinai longtemps; je me regardais avec plaisir, je suivais

ma main de l'œil, et j'en observais les mouvements.
J'eus sur tout cela les idées les plus étranges; je
croyais que le mouvement de ma main n'était qu'une
espèce d'existence fugitive, une succession de choses
semblables; je l'approchai de mes yeux; je crus alors
qu'elle était plus grande que tout mon corps, et elle
fit disparaître à ma vue un nombre infini d'objets.

IV.

Je commençai à soupçonner qu'il y avait de l'illusion
dans cette sensation que je recevais par les yeux.
J'avais vu distinctement que ma main n'était qu'une
petite partie de mon corps, et je ne pouvais comprendre qu'elle fût augmentée au point de me parai-
tre d'une grandeur démesurée. Je résolus de ne me
fier qu'au toucher, et je me tins en garde sur toutes
les autres façons de sentir et d'être.

Cette précaution me fut utile: je m'étais remis en
mouvement, et je marchais la tête haute et levée vers
le ciel; je me heurtai légèrement contre un palmier;
saisi d'effroi, je portai ma main sur ce corps étranger;
je le jugeai tel, parce qu'il ne me rendit pas sentiment
pour sentiment. Je me détournai avec une espèce
d'horreur; et je connus, pour la première fois, qu'il
y avait quelque chose hors de moi.

Plus agité par cette nouvelle découverte que je ne
l'avais été par toutes les autres, j'eus peine à me rassu-
rer; et, après avoir médité, je conclus que je devais
juger des objets extérieurs comme j'avais jugé des

parties de mon corps, et que je ne pouvais m'assurer
de leur existence que par le toucher.

V.

Je cherchais donc à toucher tout ce que je voyais;
je voulais toucher le soleil; j'étendais les bras pour
embrasser l'horizon, et ne trouvais que le vide des
airs. A chaque expérience que je tentais, je tombais
de surprise en surprise; car je croyais tous les objets
également près de moi, et ce ne fut qu'après une
infinité d'épreuves que j'appris à me servir de mes
yeux pour guider ma main. Profondément occupé de
moi, de ce que j'étais, de ce que je pouvais être, les
contrariétés que je venais d'éprouver m'humilièrent.
Plus je réfléchissais, plus je doutais. Lassé de tant
d'incertitudes, fatigué des mouvements de mon âme,
je sentis mes genoux fléchir et je me trouvai dans
une situation de repos. Cet état de tranquillité donna
de nouvelles forces à mes sens. J'étais assis à l'ombre
d'un bel arbre; des fruits d'une couleur vermeille
descendaient, en forme de grappes, à la portée de ma
main. Je les touchai légèrement: aussitôt ils se sépa-
rèrent de la branche, comme la figue s'en sépare
dans le temps de la maturité. J'avais saisi un de ces
fruits; je m'imaginais que j'avais fait une conquête,
et je me glorifiai de la faculté que je sentais de pou-
voir contenir dans ma main un autre être tout entier.
Je crus que la pesanteur de ce fruit était une résis-
tance animée, et j'essayais avec plaisir de la vaincre.

J'avais approché ce fruit de mes yeux ; j'en considérais la forme et les couleurs. Une odeur délicieuse me le fit approcher davantage ; il se trouva près de mes lèvres ; je tirais à longues aspirations le parfum, et je goûtais à longs traits le plaisir de l'odorat. J'étais rempli intérieurement de cet air embaumé. Ma bouche s'ouvrit pour l'exhaler ; elle se rouvrit pour en reprendre : je sentis que je possédais un odorat intérieur plus fin, plus délicat encore que le premier ; enfin, je goûtai.

VI.

Quelle saveur ! quelle délicieuse sensation ! Je cueillis un second et un troisième fruit, je ne me lassais pas d'exercer ma main pour satisfaire mon goût ; mais je sentis bientôt mes yeux se fermer, je cherchai pour ma tête un appui sur le gazon, je n'avais plus que des idées confuses, je perdis bientôt le sentiment de mon existence.

Je dormis profondément. Mon réveil ne fut qu'une seconde naissance, et je sentis seulement que j'avais cessé d'être. Cet anéantissement que je venais d'éprouver me donna quelque idée de crainte, je compris alors que je ne devais pas exister toujours.

J'eus une autre inquiétude : je ne savais si je n'avais pas laissé dans mon sommeil quelque partie de mon être. J'essayais mes sens ; je cherchais à me reconnaître.

Dans cet instant, l'astre du jour éteignit son flambeau. Je m'aperçus à peine que je perdais le sens de

la vue; j'existais trop pour craindre de cesser d'être;
et ce fut vainement que l'obscurité où je me trouvai
me rappela l'idée de mon premier sommeil.

D'après BUFFON.

24.

Le présent et l'avenir.

L'élève traduira cet exercice au singulier : *O mon enfant ! ... qui jouis
maintenant*, etc.

O mes enfants, mes chers enfants! qui jouissez
maintenant d'une jeunesse si vive, souvenez-vous que
le bel âge passe comme les fleurs, qui s'épanouissent
le matin, et qui, le soir, sont flétries et foulées aux
pieds. Vous vous verrez changer insensiblement;
vous perdrez vos grâces riantes; vous ne pourrez re-
tenir longtemps les doux plaisirs qui vous accom-
pagnent; la force, la santé, que vous appréciez si
peu, s'évanouiront comme un beau songe; il ne vous
en restera qu'un triste souvenir; vous sentirez la
vieillesse languissante et ennemie des plaisirs rider
votre visage, courber votre corps, affaiblir vos membres, et faire tarir dans votre cœur la source de la
joie; vous vous dégoûterez du présent, vous crain-
drez l'avenir, vous serez insensibles à tout, excepté
à la douleur. Vous vous croyez éloignés de ce temps;
hélas! vous vous trompez, mes enfants, ce temps
se hâte; regardez: il arrive. Ce qui vient avec tant de

rapidité n'est pas loin de vous ; et le présent, qui s'enfuit, est déjà bien loin, puisqu'il s'anéantit dans le moment où vous parlez, et ne peut plus se rapprocher. Ne comptez donc jamais, mes enfants, sur le présent ; mais soutenez-vous dans le sentier rude et âpre de la vertu, par la vue de l'avenir. Préparez-vous donc, par des mœurs pures et par l'amour de la justice, une place dans l'heureux séjour de la paix.

D'après FÉNELON.

25.

L'hirondelle.

L'élève traduira ce devoir au pluriel : *Les hirondelles.*

Le vol est l'état naturel, je dirais presque l'état nécessaire de l'hirondelle. Elle mange en volant, elle boit en volant, se baigne en volant, et quelquefois donne à manger à ses petits en volant... Elle sent que l'air est son domaine ; elle en parcourt toutes les dimensions et dans tous les sens, comme pour en jouir dans tous les détails, et elle marque le plaisir de cette jouissance par de petits cris de gaité. Tantôt elle donne la chasse aux insectes voltigeants, et suit avec une agilité souple leur trace oblique et tortueuse ; tantôt elle rase légèrement la surface de la terre, pour saisir ceux que la pluie ou la fraicheur y rassemble ; tantôt elle échappe elle-même à l'impétuosité de l'oiseau de proie par la flexibilité preste de ses mouvements ;

toujours maîtresse de son vol dans sa plus grande
vitesse, elle en change à tout instant la direction,
monte, descend, se perd et reparaît tour à tour, dé-
crivant au milieu des airs des circuits si nombreux
que l'art du dessin serait impuissant à les représenter.

D'après BUFFON.

————————

26.

De la conversation.

Traduisez cet exercice au futur de l'indicatif.

Le ton de la bonne conversation est coulant et naturel; il n'a rien de pesant ni de frivole; le savoir s'y
révèle sans pédanterie, la gaîté s'y produit sans tu-
multe, la politesse s'y montre sans affectation. On y
raisonne sans faire des épigrammes; on y loue avec
franchise, on y apprécie sans prévention, on ne nie
aucun talent; on y plaisante sans jeux de mots; on
y associe avec art l'esprit et la raison; on y allie les
maximes et les saillies; l'ingénieuse raillerie y joue
un rôle innocent et la morale austère lui succède. On
y parle de tout, pour que chacun ait quelque chose
à dire; on n'essaye pas d'approfondir les questions;
de cette façon, on n'ennuie jamais; on les propose
comme en passant à quiconque veut les entendre, on
les soulève légèrement et on les traite avec rapidité;
la précision mène à l'élégance; chacun dit son avis
et ne contrarie personne; chacun émet une opinion,

et l'appuie en peu de mots; nul n'attaque avec chaleur celle d'autrui; nul ne défend opiniâtrément la sienne. On dispute pour s'éclairer, on s'arrête avec la dispute; chacun acquiert quelque connaissance nouvelle, chacun s'amuse, tous s'en vont contents, et le sage même peut rapporter de ces instructions des sujets dignes d'être médités en silence.

D'après J.-J. ROUSSEAU.

27.

La religion.

Les élèves traduiront la dictée suivante au singulier: *Divine religion, quel empire tu exerces,* etc.

Divine religion, quel empire vous exercez sur l'homme! que de vertus vous procurez aux mortels! ah! que vous rendez heureux celui que vous pénétrez de vos vérités sublimes! vous lui donnez un asile contre le vice, un refuge contre le malheur. Si l'inconstante fortune sourit à ses innocents désirs, tant qu'il coule des jours sans nuages, vous savez les embellir encore; vous venez ajouter un nouveau plaisir au bien qu'il fait à ses semblables; vous donnez un charme de plus aux délices d'une bonne action; votre sévérité même est un bienfait: vous ne retranchez du bonheur que ce qui pourrait le corrompre; vous ne défendez de chérir que ce qu'on rougirait d'aimer. Si le sort accable, au contraire, une âme soumise à

vos lois saintes, c'est alors surtout, c'est alors que
vous lui prêtez votre plus ferme appui. Sans pres-
crire l'insensibilité, que la nature rend impossible,
vous nous apprenez à surmonter les maux dont vous
permettez qu'on s'afflige ; vous descendez dans les
cœurs déchirés, vous calmez leurs douleurs cuisantes,
vous leur présentez un dernier espoir, et vous n'étei-
gnez pas ce pur sentiment qui les fait souffrir et qui
les fait vivre.

D'après FLORIAN.

28.

Le fleuriste.

L'élève mettra ce devoir au pluriel : *Les fleuristes.*

Le fleuriste a un jardin dans un faubourg, il y
court au lever du soleil, et il en revient à son cou-
cher. Vous le voyez planté et qui a pris racine au
milieu de ses tulipes et devant la solitaire. Il ouvre
de grands yeux, il frotte ses mains, il se baisse, il la
voit de plus près, il ne l'a jamais vue si belle, il a le
cœur épanoui de joie ; il la quitte pour l'orientale ;
de là il va à la veuve ; il passe au drap d'or ; de celle-
ci à l'agate, d'où il revient à la solitaire, où il se
fixe, où il se lasse, où il s'assied, où il oublie de dî-
ner ; aussi est-elle nuancée, bordée, huilée, à pièces
emportées ; elle a un beau vase ou un beau calice ;
il la contemple, il l'admire : Dieu et la nature sont
en tout cela ce qu'il n'admire point ; il ne va pas

plus loin que l'oignon de sa tulipe, qu'il ne livrerait pas pour mille écus, et qu'il donnera pour rien quand les tulipes seront négligées et que les œillets auront prévalu. Cet homme raisonnable, qui a une âme, qui a un culte et une religion, revient chez soi, fatigué, affamé, mais fort content de sa journée : il a vu des tulipes.

D'après LA BRUYÈRE.

89.

La charité.

L'élève traduira la parabole suivante au passé défini : *Un homme.*: *tomba.*

Un homme, allant de Jérusalem à Jéricho, *tombe* entre les mains des voleurs qui le *dépouillent;* et, après l'avoir blessé, le *laissent* à demi mort. Un prêtre *descend* par ce même chemin, *voit* cet homme et *passe* outre. Un lévite, qui *vient* là aussi, le *regarde* et *passe* de même. Mais un samaritain voyageur *arrive* près de cet homme, le *voit* dans cet état et *se sent* touché de compassion : il *verse* de l'huile dans ses plaies, les *essuie,* les lui *bande;* le *met* sur son cheval, le *mène* dans une hôtellerie et *prend* soin de lui. Le lendemain il *tire* de l'argent de sa bourse, le *donne* à l'hôte et lui *recommande* cet homme. Lequel vous semble le prochain du pauvre blessé?— C'est celui, *répond* le docteur, qui *prend* compassion

du blessé et qui l'*assiste*. — Jésus lui *dit :* « Allez, et
faites de même. »

D'après L'ÉVANGILE.

30.

La conscience.

Les élèves traduiront cet exercice *au singulier : Conscience !... c'est
toi qui rends l'homme,* etc.

Conscience! conscience! instinct divin, immortelle et céleste voix; c'est vous qui rendez l'homme
semblable à Dieu! c'est vous qui faites l'excellence
de sa nature et la moralité de ses actions; c'est vous
qui l'élevez au-dessus des bêtes. Mais ce n'est pas
assez que vous existiez, il faut qu'il sache vous reconnaître et vous suivre. Si vous parlez à tous les
cœurs, pourquoi donc si peu vous entendent? Eh!
c'est que vous nous parlez la langue de la nature que
tout nous fait oublier. Vous êtes timide; vous aimez
la retraite et la paix; le monde et le bruit vous
épouvantent; les préjugés sont vos seuls ennemis;
vous fuyez, on se tait devant eux. Leur voix bruyante
étouffe la vôtre, et l'empêche de se faire entendre;
le fanatisme ose la contrefaire et dicter le crime en
votre nom. Vous vous rebutez enfin à force d'être
éconduite; vous ne nous parlez plus, vous ne nous
répondez plus; et, après de si longs mépris pour

vous, il en coûte autant de vous rappeler qu'il en coûta de vous bannir.

D'après J.-J. ROUSSEAU.

31.

Mes plaisirs à la campagne, si j'étais riche.

Les verbes *en italique* sont tous de la première conjugaison ; nous donnons le radical de chacun de ces verbes, l'élève remplacera les *points* par celle des terminaisons du conditionnel simple qu'exigent le nombre et la personne du sujet ; il apportera d'ailleurs au radical toutes les modifications que réclame la conjugaison des verbes en c-er, g-er, y-er, el-er, et-er, él-er, ét-er, en-er, ec-er, ég-er, etc.

I.

Je ne *m'élèv...* pas une ville en campagne, je ne *plac...* pas au fond d'une province les Tuileries devant mon appartement. Sur le penchant de quelque agréable colline bien ombragée, je *lou...* ou plutôt j'*achet...* une petite maison rustique, une maison blanche avec des contrevents verts; et quoiqu'une couverture de chaume soit en toute saison la meilleure, je *préfér...* magnifiquement, non la triste ardoise, mais la tuile, parce qu'elle me *rappel...* les maisons de mon pays et l'heureux temps de ma jeunesse. J'aurais pour cour une basse-cour, et pour écurie une étable avec des vaches, je me *procur..* ainsi du laitage que j'aime beaucoup. J'aurais un potager pour jardin, et pour parc un joli verger.

4.

Mon jardinier ne *compt...* point les fruits, je les *laiss...* à la discrétion des promeneurs, et mon avare magnificence n'*étal...* point aux yeux des espaliers superbes auxquels à peine on osât toucher. Or, cette petite prodigalité me *coût...* peu, parce que je me *réfugi...* dans quelque province éloignée où l'on *mani...* peu d'argent, et où *règn...* l'abondance et la pauvreté.

II.

Là, je m'*étudi...* à rassembler une société plus choisie que nombreuse d'amis qui *aim...* le plaisir et qui l'*appréci...,* de femmes que l'indolence ne *clou...* pas dans leur fauteuil, et qui se *prêt...* aux jeux champêtres ; je *mani...* quelquefois, au lieu de cartes, la ligne, les gluaux ; j'*essay...* volontiers de me servir du râteau des faneuses, et je *charg...* mon épaule du panier des vendangeurs. Là, nous *oubli...* tous les airs de la ville, et devenus villageois au village, nous nous *cré...* une foule d'amusements divers, qui ne nous *donn...,* chaque soir, que l'embarras du choix pour le lendemain. L'exercice et la vie active nous *fortifi...,* nous *constitu...* un nouvel estomac, et nous *cré...* de nouveaux goûts. Tous repas *sembl...* des festins, où l'abondance *supplé...* à la délicatesse. Les jeux folâtres nous *égay...,* et les travaux rustiques nous *cré...* de l'appétit. Ni l'ordre ni l'élégance ne se *révél...* dans le service ; la salle à manger serait partout ; dans le jardin, dans un bateau, sous un arbre ; quelquefois, au loin, on se *plac...* près d'une source d'eau vive, sous des touffes d'aunes et de coudriers; une longue procession de gais convives *port...* en chantant l'apprêt du festin; le gazon *remplac...* la table et les chaises; les bords de la fontaine *supplé...* au buffet, et le dessert se *balanc...* aux arbres.

III.

Les mets se *succéd...* sans ordre, les façons *céd...* leur place à l'appétit; chacun se *préfér...* ouvertement à tout autre, et *trouv...* bon que tout autre se préférât de même à lui : de cette familiarité cordiale, que *modér...* les convenances, s'*élév...* sans grossièreté, sans fausseté, sans contrainte, un conflit badin, qui *égay...* et *charm...* cent fois plus que la politesse, et qui *li...* bientôt tous les cœurs. D'importuns laquais *n'épi...* point nos discours, ne *critiqu...* point tout bas nos maintiens, *n'évalu...* point, en les comptant, les morceaux que nous *mang...*, ne se joueraient point de nous en nous faisant attendre à boire, et ne *grommel...* point contre un trop long diner. Nous serions nos valets pour être nos maîtres; chacun serait servi par tous; le temps *pass...* sans être compté, et le repas *dur...*, autant que l'ardeur du jour.

IV.

Lorsqu'il *pass...* près de nous quelque paysan retournant au travail, ses outils sur l'épaule, je lui *récré...* le cœur par quelques coups de bon vin qui l'*égay*..., et il *s'inquiét*... moins de sa misère ; et moi, je *savour*... aussi le plaisir de me sentir émouvoir un peu les entrailles, et je me *répét*..., en secret : « Je suis encore homme. » Lorsque quelque fête champêtre *rassembl*... les habitants du lieu, je m'y *trouv*... le premier avec ma troupe. Lorsque quelques mariages, plus bénis du Ciel que ceux des villes, se *célébr*... à mon voisinage, on se *rappel*... que j'aime la joie et l'on m'y *convi*... Je *port*... à ces bonnes gens quelques dons simples comme eux, qui *contribu*... à la fête, et j'y *trouv*... en échange des biens qu'on *évalu*... difficilement, des biens si peu connus de mes égaux : la franchise et le vrai plaisir. Je *souper*... gaîment au bout de leur longue table, j'y ferais chorus au refrain d'une vieille chanson rustique, et je *dans*... dans leur grange de meilleur cœur qu'à l'Opéra.

D'après J.-J. ROUSSEAU.

32.

Le mort qui ressuscite.

Les verbes en italique appartiennent tous à la première conjugaison ; nous en donnons le *radical*, l'élève remplacera les *points* par la terminaison voulue du *temps indiqué* ; il apportera d'ailleurs au radical toutes les modifications que réclame la conjugaison des verbes en c-*er*, g-*er*, y-*er*, el-*er*, et-*er*, él-*er*, ét-*er*, en-*er*, cc-*er*, ég-*er*, etc.

I.

David Teniers, peintre d'Anvers, *s'annonc*... (passé

défini) de bonne heure par des tableaux qui faisaient présager son talent futur. Il gagnait assez d'argent; mais madame Teniers, bonne femme d'ailleurs, ne le *ménag...* (imparf. indic.) guère; puis ils avaient des enfants qui *mang...* de bon appétit et qu'il fallait nourrir. A l'entrée d'un hiver qui *menac...* (imparf. indic.) d'être rigoureux, notre peintre *song...* (passé déf.) enfin à sa famille et à l'avenir. Il éprouvait cette inquiétude cruelle où *jet...* (indic. pr.) l'absence du numéraire. « Je *remédi...* (futur), dit-il, à notre position; j'*achev...* (futur) les travaux que j'ai commencés. » Il *déploy...* (indic. pr.) toute son activité, *furet...* (indic. pr.) dans tous ses cartons qui *recél...* (indic. pr.) tant d'ébauches où le génie *étincel...* (ind. pr.). En peu de temps, il *complét...* (indic. pr.) une collection charmante. Alors, *plac...* (participe pr.) avec ordre ses tableaux dans son atelier, il leur donne un jour favorable et *s'égay...* (indic. pr.) en les contemplant. Bientôt il *annonc...* (indic. pr.) dans tous les journaux la vente de cette collection.

II.

Au jour fixé, les marchands et les amateurs *afflu...* (indic. pr.) de toutes parts. Les uns et les autres croient qu'ils *achet...* (futur) à bon marché, et déjà ils *bégay...* ou *grommel...* (indic. pr.) quelques critiques, et *essay...* (indic. pr.) de trouver quelques défauts. Un amateur parisien, qui *grassey...* (indic. pr.) avec affectation, prenant les airs d'un homme qui *protég*... (indic. pr.), se *lev*... (indic. pr.) sur la pointe des pieds, et ôtant ses gants pour faire voir quelques bijoux qui *étincel*... (indic. pr.) à ses doigts :

« Ces peintures sont assez jolies, dit-il, et l'auteur mériterait peut-être qu'on l'*encourag*... (imparf. du subj.); si je le connaissais, je le *pri*... (condit. simple) d'employer son talent à des œuvres historiques. Ces tableaux ne sont plus de mode ; et, si nous en voyions de pareils exposés au Louvre, nous ne *prostitu*... (condit. simple) pas notre encens pour eux.

III.

— C'est très-bien, reprenait un gros Anglais en *s'avanc*... (participe pr.) avec une pesante gravité ; je ne *lou*... (indic. pr.) et n'*appréci*... (indic. pr.) pas plus que vous ces grossiers ouvrages qui ne valent pas la peine que nous *dénou*... (subj. pr.) les cordons de notre bourse ; et, à Londres, on nous *bafou*... (condit. simple), si nous *sacrifi*... (imparf. indic.) notre argent à de telles emplettes ; quand nous étions jeunes, nous riions beaucoup de ces sortes de tableaux, mais aujourd'hui on nous *considér*... (condit. simple) comme des hommes sans goût, si nous ne *répudi*... (imparf. indir.) ce mauvais genre. »

Teniers, confondu dans la foule, *enrag*... (imparf. indic.) en entendant ces sottes déclamations ; il prévoyait bien qu'elles *influ*... (condit. simple) sur les dispositions des acheteurs : il ne se trompait pas. Ils voulaient tous des chefs-d'œuvre pour rien.

IV.

Teniers avait beau leur dire : « Quoi ! vous qui naguère *pay*... (imparf. indic.) si cher mes ouvrages, vous les *dépréci*... (indic. pr.) maintenant : eh bien ! je *préfér*... (indic. pr.) brûler mes tableaux, plutôt que de les donner à vil prix !... La vente ne *s'effectu*... (futur) pas, puisque les choses se passent ainsi... » Et il ferma son atelier.

Quand il se trouva seul avec sa femme, celle-ci *larmoy*... (passé déf.) d'abord, puis éclata en sanglots. « Quelles ressources avons-nous? disait-elle à son mari ; nous *végét*... (futur) cet hiver dans une affreuse misère. Il *gel*... (futur), tous les objets nécessaires à la vie se *pay*... (futur) fort cher ; nous sommes sans argent et tu *rejet*... (indic. pr.) celui qu'on t'offre. Il faudra donc que nous *mendi*... (subj. pr.), que nous nous *humili*... (subj. pr.), devant la charité publique, je ne sais quelle douleur je ressens, je ne sais ce que je ferais...

V.

— Assez, madame Teniers, cesse, je t'en *suppli*... (indic. pr.); puisque nous sommes si malheureux, je veux mourir pour que tu deviennes riche ; après ma mort, l'avenir de nos enfants ne t'*inquiét*... (futur) plus, ne t'*effray*... (futur) plus. Alors on ne *ni*... (futur) plus le mérite de ton mari, on ne *dé-*

préci... (futur) plus mes œuvres, on *achet...* (futur)
au poids de l'or mes toiles, mes palettes, mes pinceaux. Les créanciers ne te *rudoy...* (futur) plus;
chacun te *choy...* (futur), au contraire, puisque tu
posséd... (futur) de grandes richesses; et quand tu
jouiras de cette opulence, je ressusciterai pour la
partager avec toi. »

Madame Teniêrs *envisag...* (imparf.) son mari en
ouvrant de grands yeux, et *commenc...* (imparf.) à
craindre qu'il n'eût perdu l'esprit.

« Je vais me retirer, continua Teniers, en pays
étranger, chez un de mes amis. Dans quelque temps
je feins de tomber malade, je t'écris, tu montres ma
lettre à nos connaissances, tu *cri...* (indic. pr.), tu
te *désespér...* (indic. pr.). Bientôt, je *décéd...* (indic.
pr.), toujours me portant bien; mon ami t'écrira :
tu *décachet...* (futur) cette lettre devant des témoins;
tu *jou...* (futur) la femme désolée : cris, pleurs,
sanglots, *employ...* (impér. pr.) tout pour que l'on
me croie mort. Toute notre maison prendra le deuil,
pens... (impératif pr.)–y bien.

VI.

Quand les jours consacrés à cette grande douleur
seront passés, rassemble mes tableaux, *épousset...*
(impér. pr.)-les bien, *ficel...* (impér. pr.) tous mes
pinceaux, puis *annonc...* (impér. pr.)-en la vente.
Or, *rappel...* (impér. pr.)-le-toi bien, voici ce qui
arrivera, du moins je l'*espér...* (indic. pr.) : les
acheteurs *afflu...* (futur), *tir...* (impér. pr.)-en parti;

en quelques minutes, ils *balay*... (futur) l'atelier, ils *pay*... (futur) fort cher mes tableaux, mes esquisses et jusqu'à mes pinceaux. »

Les choses se passèrent selon ses prévisions et ses désirs. A la nouvelle de sa mort, que chacun se *répét*... (indic. pr.), l'envie se tait ; personne ne *ni*... (indic. pr.) le mérite des œuvres de Teniers. La vente est annoncée, les acheteurs *afflu*... (ind. pr.), chacun *s'extasi*... (indic. pr.).

VII.

« Quelle touche naturelle et délicate ! *s'écri*... (indic. pr.)-t-on ; quelle vérité dans les détails ! Ces vieillards, ces femmes, ces enfants dansent, *jou*... (indic. pr.), *s'égay*... (indic. pr.) : il semble qu'on les entende ! Et voilà pourtant ce que nous dédaignions il y a quelques semaines ; il est juste que nous *pay*... (subj. pr.) notre injustice. »

Et ils *engag*... (imparf. indic.) de grosses sommes aux enchères ; chacun voulait avoir un souvenir de Teniers. Tout, jusqu'aux cahiers d'yeux, de bouches et de nez, se *pay*... (passé déf.) fort cher. Mais bientôt on *sem*... (indic. pr.) le bruit que le grand peintre est ressuscité. Tous ceux qui avaient acheté de ses œuvres, dans l'espoir qu'ils *bénéfici*... (condit. simple), trouvèrent fort mauvais qu'il ressuscitât. Quelques-uns même *appel*... (passé déf.) David devant les tribunaux ; mais on les couvrit de honte ; ils retirèrent leur plainte et tout se calma. Dès lors, Teniers, sa femme et ses enfants vécurent dans l'ai-

sance. Plusieurs souverains même lui *prodigu...*
(passé déf.) leurs faveurs ; et sa fortune, *rapport...*
(indic. pr.)-t-on, devint considérable.

D'après FILON.

33.

Bienfaits du christianisme.

L'élève traduira cet exercice à la seconde forme du *conditionnel passé :*
Que fût devenu le monde... si la grande arche... n'eût sauvé, etc.

Que serait devenu le monde lors de l'invasion des
Barbares, si la grande arche du christianisme n'avait
sauvé le reste du genre humain de ce nouveau dé-
luge? où les lumières se seraient-elles conservées?
Quel pontife de Jupiter aurait marché au-devant
d'Attila pour l'arrêter? Quel lévite aurait persuadé à
un Alaric de retirer ses troupes de Rome? N'en dou-
tons point, les Barbares auraient détruit tout. Sans
le christianisme, le naufrage de la société aurait été
total. Après de longues guerres civiles et un soulève-
ment général, qui auraient duré plusieurs siècles, la
race humaine se serait trouvée réduite à quelques
hommes errant sur des ruines. Mais, que d'années
il aurait fallu à ce nouvel arbre des peuples pour
étendre ses rameaux sur tant de débris! Combien
de temps les sciences oubliées ou perdues auraient-
elles mis à renaître! Le christianisme aurait sauvé
le monde romain de sa propre corruption, si ce

monde vieilli avait pu être sauvé, et s'il n'avait dû succomber sous des armes étrangères : une religion seule peut renouveler un peuple dans ses sources.

D'après CHATEAUBRIAND.

34.

Prière pour la paix.

L'élève traduira cet exercice au singulier : *Grand Dieu, qui, par ta seule présence, soutiens*, etc.

Grand Dieu, qui, par votre seule présence, soutenez la nature et maintenez l'harmonie des lois de l'univers; vous qui, du trône immobile de l'empyrée, voyez rouler sous vos pieds, sans choc et sans confusion, toutes les sphères célestes; qui, seul, régissez, dans une paix profonde, ce nombre infini de cieux et de mondes, rendez, rendez enfin le calme à la terre agitée! qu'à votre voix la discorde et la guerre cessent de faire retentir leurs clameurs orgueilleuses.

Dieu de bonté, auteur de toutes choses, de vos regards paternels vous embrassez tous les êtres que vous avez créés; mais l'homme est votre être de choix; vous lui avez donné une âme que vous avez éclairée d'un rayon de votre lumière immortelle; mettez le comble à vos bienfaits : pénétrez son cœur d'un trait de votre amour; faites qu'il n'immole plus

son semblable, désarmez son bras, et agréez le tribut
de sa sincère reconnaissance.

D'après Buffon.

35.

Du choix des amis.

*Les élèves mettront cet exercice au singulier : Emploie les plus grandes
précautions, etc.*

Employez les plus grandes précautions dans le
choix de vos amis; et, par conséquent, bornez-vous
à un fort petit nombre. Rejetez ces soi-disant amis
qui ne craignent pas Dieu, n'agréez que ceux que
gouvernent les pures maximes de la religion. Choi-
sissez, autant que vous le pourrez, vos amis dans un
âge un peu au-dessus du vôtre; car, sachez-le bien,
vous en mûrirez plus promptement. A l'égard des
vrais et intimes amis, ouvrez-leur votre cœur, con-
fiez-leur tous vos secrets, ne craignez pas qu'ils
vous trahissent. Montrez du désintéressement, de
la constance dans l'amitié; mais ne vous aveuglez
jamais sur les défauts de vos amis; dénouez pour
eux, s'il le faut, les cordons de votre bourse, et que
leurs malheurs ne vous refroidissent jamais.

D'après Fénelon.

36.

Le Loup et l'Agneau.

L'élève traduira la fable suivante au pluriel : *Les deux Loups et les deux Agneaux.*

Un agneau se désaltérait
Dans le courant d'une onde pure.
Un loup survient à jeun, qui cherchait aventure,
Et que la faim en ces lieux attirait.
— Qui te rend si hardi de troubler mon breuvage?
Dit cet animal plein de rage :
Tu seras châtié de ta témérité.
— Sire, répond l'agneau, que Votre Majesté
Ne se mette pas en colère;
Mais plutôt qu'elle considère
Que je vais me désaltérant
Dans le courant
Plus de vingt pas au-dessous d'elle;
Et que, par conséquent, en aucune façon,
Je ne puis troubler sa boisson!
— Tu la troubles! reprit cette bête cruelle;
Et je sais que de moi tu médis l'an passé.
— Comment l'aurais-je fait si je n'étais pas né?
Reprit l'agneau; je tette encor ma mère.
— Si ce n'est toi, c'est donc ton frère.
— Je n'en ai point. — C'est donc quelqu'un des tiens;
Car vous ne m'épargnez guère,
Vous, vos bergers et vos chiens.
On me l'a dit : il faut que je me venge.
Là-dessus, au fond des forêts
Le loup l'emporte, et puis le mange,
Sans autre forme de procès.

La raison du plus fort est toujours la meilleure.

D'après LA FONTAINE.

37.

Confusion de la nature abandonnée au seul mouvement de la matière.

L'élève traduira cet exercice au *conditionnel simple* : *Conçoit-on ce que serait*, etc.

Conçoit-on ce qu'eût été une scène de la nature, si elle eût été abandonnée au seul mouvement de la matière? Les nuages, qui auraient cédé aux lois de la pesanteur, seraient tombés perpendiculairement sur la terre, ou se seraient élevés en pyramide dans les airs; l'instant d'après, l'atmosphère se serait trop épaissie ou se serait trop raréfiée : elle aurait altéré, elle aurait fatigué les organes de la respiration. La lune, qui se serait trop rapprochée ou trop éloignée, aurait été tour à tour invisible, tour à tour se serait montrée sanglante, se serait couverte de taches énormes ou aurait rempli seule de son orbe démesuré le dôme céleste. Saisie comme d'une étrange folie, elle se serait jetée d'un côté et de l'autre, se serait roulée sur elle-même, et aurait découvert enfin cette autre face que la terre ne connait pas. Les étoiles auraient erré frappées de vertige : un signe d'hiver aurait atteint un signe d'été; le Bouvier aurait mené les Pléiades, et le Lion aurait rugi dans le Verseau. Là des astres auraient passé avec la rapidité de l'éclair; ici, ils auraient pendu immobiles. Quelquefois ils se seraient agrégés ou auraient constitué une nouvelle voie lactée; puis ils auraient disparu tous ensemble, auraient déchiré le rideau des mondes, et auraient laissé apercevoir les abîmes de l'Éternité.

D'après CHATEAUBRIAND.

38.

Les chevaux.

L'élève traduira cet exercice au sing. : *Le cheval.*

La plus noble conquête que l'homme ait jamais faite est celle de ces fiers et fougueux animaux qui partagent avec lui les fatigues de la guerre et la gloire des combats. Sur le champ de bataille, les chevaux voient le péril et l'affrontent; ils se font au bruit des armes, ils l'aiment, ils le cherchent; à la chasse, aux tournois, à la course, ils brillent, ils étincellent; mais, dociles autant que courageux, ils ne se laissent point emporter à leur feu; ils obéissent aux impressions qu'ils reçoivent, et savent réprimer leurs mouvements; ils se précipitent et se modèrent tour à tour. Ce sont des créatures qui renoncent à leur être pour n'exister que par la volonté de l'homme, qui savent même la prévenir; qui, par la promptitude et la précision de leurs mouvements, l'expriment et l'exécutent; qui, se livrant sans réserve, ne se refusent à rien, servent de toutes leurs forces, s'excèdent et même meurent pour mieux obéir.

D'après BUFFON.

39.

Le petit poisson et le pêcheur.

L'élève traduira la fable suivante au pluriel : *Les deux petits poissons et les deux pêcheurs.*

Un carpeau, qui n'était encore que fretin,
Fut pris par un pêcheur au bord d'une rivière.
Tout fait nombre, dit l'homme, en voyant son butin;
Voilà commencement de chère et de festin :
    Mettons-le en notre gibecière.
Le pauvre carpillon lui dit en sa manière :
— Que ferez-vous de moi? je ne saurais fournir
    Au plus qu'une demi-bouchée.
    Laissez-moi carpe devenir :
    Je serai par vous repêchée;
Quelque gros partisan m'achètera bien cher,
    Au lieu qu'il vous en faut chercher
    Peut-être encor cent de ma taille
Pour faire un plat : quel plat! croyez-moi, rien qui vaille.
— Rien qui vaille! eh bien! soit, repartit le pêcheur :
Poisson, mon bel ami, qui faites le prêcheur,
Vous irez dans la poêle; et, vous aurez beau dire,
    Dès ce soir on vous fera frire.
Un tiens vaut, ce dit-on, mieux que deux tu l'auras :
    L'un est sûr, l'autre ne l'est pas.

LA FONTAINE.

40.

Causes de la décadence de l'Empire romain

L'élève traduira cet exercice au *passé défini*.

I.

Rome naît, mais elle porte dans son sein un

germe destructeur : la jalousie des plébéiens contre les patriciens.

Les guerres et les conquêtes modèrent souvent, mais d'autres fois raniment cette division intestine.

Bientôt on voit les plus grandes victoires suivies des discordes civiles les plus dangereuses.

Les Gracques sentent la cause du mal ; ils protégent le peuple, mais ils l'accoutument aux grandes agitations. Sylla essaye de le contenir et même de le réprimer. Marius le venge : le sang coule de tous côtés ; les proscriptions se multiplient ; la brigue et la corruption s'introduisent partout ; le respect pour les lois s'altère ; l'amour de la patrie s'évanouit. Les généraux corrompent les soldats, qui se considèrent toujours comme ceux de la République. Pompée et César accroissent les maux et les dangers. César vainc Pompée, mais il attaque l'égalité lorsqu'il se croit maître : il est immolé.

Le triumvirat lui succède. Le sénat se trouve impuissant à faire respecter les lois qu'il a violées ; tout est soumis à la force ; tout se fait par des soldats qui ne sont plus Romains, et qui se livrent à celui qui les paye le plus. Les amis de l'indépendance s'éteignent ou sont immolés. Actium décide du maître de l'Empire. La liberté est sacrifiée à un repos perfide, que suivent bientôt toutes les horreurs de la tyrannie.

II.

Les Césars s'attachent l'armée par leurs largesses ;

5

ils conservent la puissance absolue. L'armée empêche le sénat de rétablir la République lorsque Caligula meurt.

Rome ne peut plus étendre sa domination; elle ne tend plus qu'à la maintenir.

Mais la dégradation morale s'accroît chaque jour; les soldats vendent bientôt l'Empire; les princes qui essayent de rétablir la discipline militaire sont égorgés ou chassés. Dès lors tout est perdu; partout le sang ruisselle. L'Empire romain s'épuise; les Perses et les Parthes se jettent sur l'Orient; les Barbares attaquent le Nord. Le mal s'accroît par la division de l'Empire, que l'on partage entre les enfants des princes comme un domaine privé.

Le nombre des lieutenants augmente avec celui des princes. Bientôt, en quelque sorte, tout est empereur, excepté l'empereur lui-même; et, par conséquent, tout est asservi, opprimé, ravagé. La domination romaine devient en horreur.

D'après LACÉPÈDE.

42.

Les enceintes successives de Paris.

L'élève traduira au *passé défini* les verbes en italique

I.

Paris *naît* dans cette vieille ile de la Cité qui a la

forme d'un berceau. La grève de cette île *est* sa première enceinte, la Seine son premier fossé. Paris *demeure* plusieurs siècles à l'état d'île. Puis, dès les rois de la première race, trop à l'étroit dans son île, Paris *passe* l'eau. Alors une première enceinte de murailles et de tours *commence* à entamer la campagne des deux côtés de la Seine. Peu à peu, le flot des maisons *déborde*, *ronge*, *use* et *efface* cette enceinte. Philippe-Auguste lui *fait* une nouvelle digue; il *ceint* Paris d'une chaîne de grosses tours, hautes et solides. Pendant plus d'un siècle, les maisons *se pressent*, *s'amoncellent* et *haussent* leur niveau dans ce bassin, comme l'eau dans un réservoir. Elles *commencent* à devenir profondes; elles *montent* les unes sur les autres; elles *jaillissent* en hauteur comme toute sève comprimée, et c'est à qui *passera* là tête par-dessus ses voisines pour avoir de l'air. La rue de plus en plus *se creuse* et *se rétrécit*; toute place *se comble* et *disparaît*.

II.

Les maisons enfin *sautent* par-dessus le mur de Philippe-Auguste, et *s'éparpillent* joyeusement dans la plaine, sans ordre et tout de travers, comme des échappées. Là, elles *se carrent, se taillent* des jardins dans les champs, *prennent* leurs aises. Dès 1367, la ville *se répand* tellement dans le faubourg, qu'*il faut* une nouvelle clôture, surtout sur la rive droite; Charles V la bâtit. Mais bientôt l'enceinte de Charles V *a* le sort de celle de Philippe-Auguste. Dès la

fin du quinzième siècle, les maisons l'*enjambent,* la
dépassent, le faubourg *court* plus loin, et l'enceinte
recule à vue d'œil et *s'enfonce* de plus en plus dans
la vieille ville. La puissante ville *fait* ainsi craquer
chaque nouvelle ceinture de murs, comme un enfant qui grandit et crève ses vêtements de l'an
passé.

D'après V. HUGO.

42.

L'habillement singulier.

Traduisez cette anecdote *à la première personne du singulier;* pour
cela, supposez que c'est M. de Louvois lui-même qui la raconte :
J'avais dans ma jeunesse, etc.

M. de Louvois avait, dans sa jeunesse, l'esprit
léger. Etant à Brest, à dix-huit ans, avec beaucoup
de dettes et sans argent, il écrivit à son père; et, ne
recevant point de réponse, il vendit tous ses habits
pour fournir aux frais de son voyage, ne gardant
pour toute garde-robe qu'un mauvais frac usé; et il
partit pour se rendre au château de Louvois, où le
marquis de Souvré le reçut très-mal. Dans les premiers jours, M. de Louvois n'osa lui renouveler sa
demande. Un soir, M. de Souvré lui dit que les
dames les plus considérables du voisinage devaient
diner chez lui le surlendemain. « J'espère, ajouta-t-

il, que vous voudrez bien quitter ce vilain habit de voyage et vous habiller convenablement. » M. de Louvois se garda bien de dire qu'il ne lui restait plus que le vêtement qu'il avait sur lui ; mais il déclara qu'il n'avait apporté que de vieux habits, et qu'il désirait en faire faire un neuf ; et il saisit cette occasion de demander de l'argent. M. de Souvré refusa d'un ton qui ne laissait nulle espérance. M. de Louvois n'insista point ; il se contenta de dire qu'il mettrait un autre habit.

II.

Il y avait dans la chambre où il couchait une vieille tapisserie à grands personnages ; il en détacha un pan qui représentait Armide et Arnaud ; il envoya chercher le tailleur du village ; et, lorsque celui-ci fut arrivé, il lui commanda de lui faire un habillement complet avec ce pan de tapisserie, de passer la nuit, et de le lui rendre le surlendemain de bonne heure. Le tailleur, pour mettre un peu de régularité dans son ouvrage, fit les manches avec les deux bras d'Armide ; et, sur le dos de cet habit, il mit la tête de Renaud ornée d'un beau casque ; deux petits visages d'Amours et des fragments de bouclier formaient le reste de l'habillement, dont M. de Louvois se revêtit avec une joie parfaite. Equipé de la sorte, au mois de juillet, il attendit avec impatience dans sa chambre l'arrivée de la compagnie.

III.

Aussitôt qu'il entendit les voitures dans la cour,
il descendit lestement malgré l'étonnante lourdeur
de sa parure, et il s'élança sur le perron afin de donner la main aux dames, ce qu'il fit sérieusement, et
de l'air du monde le plus simple et le plus naturel.
On s'émerveillait et l'on questionnait en vain M. de
Louvois : avec un maintien triomphal, il conduisait
ces dames au salon. Survint M. de Souvré. En
voyant son fils paré des dépouilles de sa chambre,
il recula de deux pas, en demandant d'un ton fou-
droyant raison de cette extravagance. « Mon père,
répondit M. de Louvois, vous m'aviez ordonné de
mettre un autre habit ; et comme je n'avais à ma dis-
position que cette étoffe, j'ai été obligé de l'employer
pour vous obéir. »

D'après Madame de Genlis.

48.

Henri IV à l'assemblée des Notables.

L'élève traduira le discours suivant en style direct : *Si je faisais
gloire, etc.*

S'il faisait gloire de passer pour excellent orateur,
il aurait apporté ici plus de belles paroles que de
bonne volonté ; mais il tend, dans son ambition, à

quelque chose de plus haut que de bien parler : il
aspire aux glorieux titres de libérateur et de res-
taurateur de la France. Déjà, par la faveur du Ciel,
par les conseils de ses fidèles serviteurs et par l'épée
de sa brave et généreuse noblesse, il l'a tirée de la
servitude et de la ruine. Il désire maintenant la re-
mettre en sa première force et en son ancienne splen-
deur.-Il engage ses sujets à participer à cette seconde gloire, comme ils ont déjà participé à la
première. Il ne les a point appelés ici, comme faisaient ses prédécesseurs, pour les obliger à approu-
ver aveuglément ses volontés ; il les a fait assembler
pour recevoir leurs conseils, pour les croire, pour
les suivre ; en un mot, pour se mettre en tutelle entre leurs mains : c'est une envie qui ne prend guère
aux rois, aux barbes grises et aux victorieux comme
lui ; mais l'amour qu'il porte à ses sujets, et l'extrême désir qu'il a de conserver son État, lui font
trouver tout facile et tout honorable.

D'après MÉZERAY.

44.

Le corbeau.

Traduisez cette fable au pluriel : *Les corbeaux.*

Savez-vous pourquoi le corbeau
A ce cri rude ? Non. Écoutez son histoire :
Aux premiers jours du monde il n'était pas plus beau

Qu'à présent : air commun, bec grossier, robe noire;
　　Mais, peu fait pour charmer les yeux,
Il reçut en partage un chant mélodieux.
　　Rival heureux de Philomèle,
Il savait cadencer, filer un son comme elle.
Un jour que, préludant à son chant matinal,
　　Perché sur un hêtre il gazouille,
　　De sa voix rauque une grenouille
Faisait dans son marais un vacarme infernal.
Tous les chantres du bois sont réduits à se taire.
　　Le corbeau, quelque peu moqueur,
　　En l'écoutant rit de bon cœur,
　　Puis se mit à la contrefaire.
Si souvent et si bien notre oiseau l'imita
　　Que son vilain cri lui resta.

BOURGUIN.

45.

Pascal.

L'élève traduira les verbes en italique au *passé indéfini.*

Le dix-septième siècle *vit* naître, en France, un homme qui, à douze ans, avec des barres et des ronds, *créa* les mathématiques; qui, à seize, *fit* le plus savant traité des coniques qu'on eût vu depuis l'antiquité; qui, à dix-neuf, *réduisit* en machine une science qui existe tout entière dans l'entendement; qui, à vingt-trois ans, *démontra* les phénomènes de la pesanteur de l'air, et *détruisit* une des plus grandes erreurs de l'ancienne physique; qui, à cet âge où les autres hommes commencent à peine de naître, ayant achevé de parcourir le cercle des sciences humaines, *s'aperçut* de leur néant, et *tourna* toutes ses pensées vers la religion ; qui, depuis ce moment jusqu'à sa mort, arrivée dans sa trente-neuvième année, toujours infirme et souffrant, *fixa* la langue que *parlèrent* Bossuet et Racine, *donna* le modèle de la plus parfaite plaisanterie comme du raisonnement le plus fort ; enfin, qui, dans le court intervalle de ses maux, *résolut*, en se privant de tous les secours, un des plus hauts problèmes de géométrie, et *jeta* au hasard sur le papier des pensées qui tiennent autant de Dieu que de l'homme ; cet effrayant génie se nommait Blaise Pascal.

D'après CHATEAUBRIAND.

CHAPITRE VI.

EXERCICES SUR L'ADVERBE.

1.

L'esprit à la mode.

L'élève ouvrira une parenthèse, et dira quels sont les mots que modifient les *adverbes* en italique.

Penser *peu*, parler *beaucoup*, connaître *à peu près* tout, habiter *seulement* les dehors de son âme, cultiver *superficiellement* son esprit, s'exprimer *heureusement*, avoir un tour d'imagination agréable, une conversation *habituellement* légère, et savoir *toujours* plaire sans se faire *jamais* estimer; être né avec le talent *fort* équivoque d'une conception *très*-prompte, et se croire *par là* au-dessus de la réflexion; voler *instantanément* d'objets en objets, sans en approfondir *le plus souvent* aucun; cueillir *rapidement* toutes les fleurs, et *ne pas* donner aux fruits le temps de parvenir à leur maturité; voilà une *bien* faible peinture de ce qu'il a plu à notre siècle d'honorer du nom d'esprit.

Esprit *plus* brillant que solide, lumière *souvent* trompeuse et *toujours* infidèle, l'attention le fatigue *vite*, l'autorité le révolte; incapable de persévérer *longtemps* dans la recherche de la vérité, il la laisse échapper par son inconstance ou par sa paresse.

D'après D'AGUESSEAU.

2.

La mort du juste.

L'élève remplacera le signe — par l'adverbe qui lui paraîtra convenir le mieux au sens.

Venez voir — beau spectacle que puisse présenter la terre : venez voir mourir le fidèle. Un prêtre est — assis à son chevet, le console et l'entretient — de l'immortalité de son âme. Un sacrement a ouvert à ce juste les portes du monde : un sacrement va les clore ; la religion le balança — dans le berceau de la vie : ses beaux chants et sa main maternelle vont l'endormir — dans le berceau de la mort. Le dernier sacrement, le sacrement libérateur, rompt — les attaches du fidèle ; son âme, — échappée de son corps, devient — visible sur son visage, — il entend les concerts des séraphins ; — il est prêt à s'envoler vers les régions où l'invite — cette Espérance divine, fille de la Vertu et de la Mort, — l'ange de la Paix descendant vers ce juste, touche — de son sceptre d'or ses yeux fatigués, et les ferme — à la lumière. Il meurt, et ses amis continuent de faire silence au-

tour de sa couche : la mort de ce chrétien a été —
douce, qu'ils croient qu'il sommeille —.

D'après CHATEAUBRIAND.

3.

La mine de Salsberitz (Suède).

L'élève remplacera les expressions en italique par un *adverbe*
de manière.

I.

Pour descendre dans cette mine profonde, on se
place *d'ordinaire* dans une moitié de tonneau, où
l'on n'est pas toujours assis *d'une manière commode*.
Un homme noir comme un forgeron vous accompa-
gne, en fredonnant *d'une manière confuse* quelque
chanson lugubre ; et, *en conformité* de l'usage, on
l'interrompt *avec rareté*. Il tient à la main un flambeau qui n'éclaire que *d'une manière imparfaite* cet
abîme, où l'on s'enfonce *avec lenteur*. Quand on est
arrivé au milieu, on sent un froid qui pénètre *d'une*
manière vive, et alors on ne se découvrirait pas *avec*
impunité. On entend bientôt des torrents qui tombent *d'une manière bruyante,* et l'on est ému *d'une*
manière profonde ; cependant la contenance ferme
de votre guide, qui chante *d'une manière constante*
et *avec opiniâtreté,* vous rassure un peu. Enfin, après
une demi-heure que l'on trouve fort longue, et que
l'on ne passe pas *d'une manière gaie*, on arrive *d'une*
manière douce au fond du gouffre. Alors la crainte

se dissipe *avec promptitude*, car on n'aperçoit plus rien d'effrayant : tout, au contraire, resplendit *d'une manière joyeuse* dans cette région souterraine.

II.

On entre *avec facilité* dans une grande salle soutenue *avec élégance* par des colonnes : à cette salle aboutissent quatre galeries. Les feux qui éclairent *d'une manière continuelle* les travailleurs se reflètent sur les paillettes minérales des colonnes et des voûtes, et produisent des effets fort agréables. On veille *avec prudence* à ces feux, aussi bien qu'aux lampes suspendues que l'on visite *d'une manière fréquente.* Là, se trouvent des gens de tous les pays ; on y voit aussi des chevaux, des voitures, des logements, des cabarets ; mais il est défendu *d'une manière expresse* de s'enivrer. Il y a un moulin à vent qu'un courant d'air meut *avec continuité* et *d'une manière uniforme.* On trouve quelquefois dans les filons des morceaux d'argent gros *d'une manière démesurée.* Ces travaux sont pénibles, et ceux qui n'y sont pas accoutumés meurent, *en général*, au bout de quelques mois. Les petits enfants des travailleurs vous poursuivent *d'une façon importune* pour avoir des cadeaux ; quelques-uns vous agacent *d'une manière gentille ;* mais d'autres vous caressent *d'une manière traîtresse*, et vous dérobent *avec adresse* ce qu'ils peuvent, en vous racontant *avec esprit* des anecdotes sur les lieux que vous parcourez *avec curiosité ;* on se convainc alors *avec facilité*, avant de quitter ce séjour, qu'il y a des voleurs aussi bien sous la terre que dessus.   ANONYME.

1.

Le ministère des vents.

L'élève remplacera l'*adverbe de manière* par la préposition et le nom qui en tiennent lieu.

Du sein de l'océan s'élèvent *incessamment* dans l'atmosphère des fleuves qui vont couler dans les deux Mondes. Dieu ordonne aux vents de les répandre *indistinctement* et sur les îles et sur les continents : ces invisibles enfants de l'air les transportent sous mille formes diverses : tantôt ils les étendent *gracieusement* dans le ciel comme des voiles d'or et des pavillons de soie; tantôt ils les roulent *bizarrement* en forme d'horribles dragons et de lions rugissants qui vomissent *violemment* les feux du tonnerre; ils les versent *abondamment* sur les montagnes en rosées, en pluies, en torrents impétueux. Quelque bizarres que paraissent *généralement* leurs services, chaque partie de la terre en reçoit *annuellement* sa portion d'eau, et en éprouve *avantageusement* l'influence. Chemin faisant, ils déploient *capricieusement* sur les plaines liquides de la mer la variété de leurs caractères : les uns rident *légèrement* la surface des flots ; les autres les roulent *obstinément* en ondes d'azur; ceux-ci les bouleversent *bruyamment*, et couvrent d'écume les plus hauts promontoires.

D'après AIMÉ MARTIN.

CHAPITRE VII.

1.

Un nid de bouvreuil dans un rosier.

L'élève ouvrira une parenthèse après chaque *préposition* en italique, et dira quels sont les mots que cette préposition met en rapport.

Nous nous rappelons avoir trouvé une fois un nid *de* bouvreuil *dans* un rosier; il ressemblait *à* une conque *de* nacre contenant quatre jolies perles bleues; une rose pendait au-dessus tout humide. Le bouvreuil mâle se tenait immobile *sur* un arbuste voisin, comme une fleur de pourpre et *d'*azur. Ces objets étaient répétés *dans* l'eau *d'*un étang *avec* l'ombre *d'*un noyer qui servait *de* fond *à* la scène, et *derrière* lequel on voyait se lever l'aurore. Dieu nous donna, *dans* ce petit tableau, une idée *de* ces grâces incomparables dont il a paré la nature.

D'après CHATEAUBRIAND.

2.

De la docilité.

Les élèves remplaceront le signe — par une des prépositions suivantes, selon le sens :

à.	dans.	en.	sans.
après.	de.	entre.	pour.

La docilité, qui consiste — se laisser conduire, — bien recevoir les avis — ses maîtres et — les mettre — pratique, est proprement la vertu — tout écolier, comme celle — tout maître est — bien enseigner. L'une ne peut rien — l'autre ; et comme il ne suffit pas qu'un laboureur répande la semence — les sillons ; mais qu'il faut que la terre, — avoir ouvert son sein — la recevoir, la couve, — ainsi dire, l'échauffe, l'entretienne et l'humecte ; de même, tout le fruit — l'instruction dépend — la parfaite correspondance qui existe — le maître et le disciple.

D'après ROLLIN.

3.

Le commissionnaire du quartier.

L'élève remplacera le signe — par a, verbe, ou par à, préposition, selon le sens.

Le commissionnaire du quartier est le plus souvent un épais gaillard — la vaste poitrine, aux larges épaules, — la barbe noire; on sent, — le voir, que c'est un homme — son aise, qui ne doit rien — personne, et qui — quelque bonne réserve pour les mauvais jours. Le commissionnaire du quartier, c'est votre domestique — vous, c'est mon domestique — moi, notre domestique — nous tous; il est de toutes les maisons; il entre et il sort — volonté; on l'appelle pour scier le bois en hiver, pour monter les fleurs en été, pour porter une lettre en tout temps; c'est lui qui conduit monsieur — la diligence, qui va au-devant de madame — son retour. Le commissionnaire — un nom — lui; on sait de quel pays il est, quel âge il —, quel âge — sa mère. Il — la cuisinière pour amie, et pour ennemi le portier; du reste, indépendant comme un domestique qui — plusieurs maîtres; intelligent et actif comme un cultivateur qui espère; faisant beaucoup de chemin en allant au pas; ne disant jamais rien de trop; discret, sobre, toujours prêt — se mettre en route. Une rue de Paris ne serait pas complète, si elle n'avait pas son commissionnaire — elle, — côté de l'épicier ou du marchand de vin.

D'après JULES JANIN.

CHAPITRE VIII.

EXERCICES SUR LA CONJONCTION.

1.

Les enfants.

L'élève remplacera le signe — par la conjonction que veut le sens de la phrase.

Il faut observer — il y a des naturels d'enfants auxquels on se trompe beaucoup. Ils paraissent d'abord jolis, — les premières grâces de l'enfance ont un lustre qui couvre tout. Ce qu'on trouve d'esprit en eux surprend, — on n'en attend point de cet âge : on prend une certaine vivacité de corps pour celle de l'esprit. De là vient — l'enfance promet tant — donne si peu. Tel a été célèbre par son esprit à l'âge de cinq ans, qui est tombé dans l'obscurité — dans le mépris, — on l'a vu croître. De toutes les qualités qu'on distingue dans les enfants, il n'y en a qu'une sur laquelle on puisse compter : c'est le bon raisonnement; il croît toujours en eux, — il soit bien cultivé; les grâces de l'enfance s'effacent, la vivacité s'éteint, la tendresse de cœur se perd même souvent, — les passions — le commerce des hommes politiques endurcissent insensiblement les jeunes gens qui entrent dans le monde.

D'après FÉNELON.

2.

Réflexions sur la religion.

L'élève remplacera le signe — par où, adverbe, ou par ou, conjonction,
selon le sens.

Je suis en ce monde sans savoir ni d' — je viens,
ni comment je me trouve ici, ni — je vais. Certains
hommes me proposent des choses qu'ils me somm-
ment d'accepter — de refuser. Je cherche le milieu.
Je n'ai que moi-même pour cet examen, et c'est de
moi-même que je me défie sincèrement sur une infinité d'expériences malheureuses que j'ai de la pré-
cipitation de mes jugements — de la corruption de
mon cœur. Que me reste-t-il à faire dans cette im-
puissance — je me trouve? De prier Dieu qu'il entende les désirs de mon cœur, qu'il me conduise —
je dois aller, qu'il ne permette pas que je m'égare,
que je fasse rien contre sa sainte volonté.

D'après FÉNELON.

CHAPITRE IX.

1.

L'éternité.

Copiez cet exercice et soulignez les *interjections* et les *locutions interjectives* qui s'y trouvent.

Eh! sur quoi vous fondez-vous donc, mes frères, pour croire votre dernier jour si éloigné? Est-ce sur votre jeunesse? — Eh bien! oui; je n'ai encore que vingt ans, que trente ans. — Ah! vous vous trompez du tout au tout. Hélas! non, ce n'est pas vous qui avez vingt ou trente ans, c'est la mort qui a déjà vingt, trente ans d'avance sur vous, trente ans de grâce que Dieu a voulu vous accorder en vous laissant vivre, que vous lui devez, et qui vous ont rapproché, hélas! du terme où la mort doit vous achever. Prenez-y garde, l'éternité approche, elle marque déjà sur votre front l'instant fatal où elle va commencer pour vous. Eh! savez-vous ce que c'est que l'éternité? C'est une pendule dont le balancier dit et redit sans cesse dans le silence des tombeaux : Toujours! jamais!... jamais! toujours!... Et pendant ces révolutions, un réprouvé s'écrie : « Quelle heure est-il? » et la même voix lui répond : « L'éternité! »

D'après BRIDAINE.

2.

Lettre de condoléance.

Les élèves remplaceront le signe — par une interjection de leur choix.

J'apprends, monsieur, la perte, — que vous venez de faire, et ce moment est un de ceux où j'ai le plus de regret de n'être pas auprès de vous; car la joie se suffit à elle-même, mais la tristesse, — a besoin de s'épancher, et l'amitié est bien plus précieuse dans la peine que dans le plaisir. — que les mortels sont à plaindre de se faire entre eux des attachements durables! — puisqu'il faut passer sa vie à pleurer ceux qui nous sont chers, que je la trouve peu regrettable! — que ceux qui s'en vont sont heureux : ils n'ont plus rien à pleurer! Ces réflexions sont communes : — qu'importe? en sont-elles moins naturelles? Elles sont d'un homme plus propre, — à s'affliger avec ses amis qu'à les consoler, et qui sent s'aigrir ses propres peines en s'attendrissant sur les leurs.

D'après J.-J. ROUSSEAU.

FIN DE LA PARTIE DE L'ÉLÈVE.

TABLE DES MATIÈRES.

FIN DE LA TABLE.

PARIS. — EDOUARD BLOT, IMPRIMEUR, RUE BLEUE, 7.

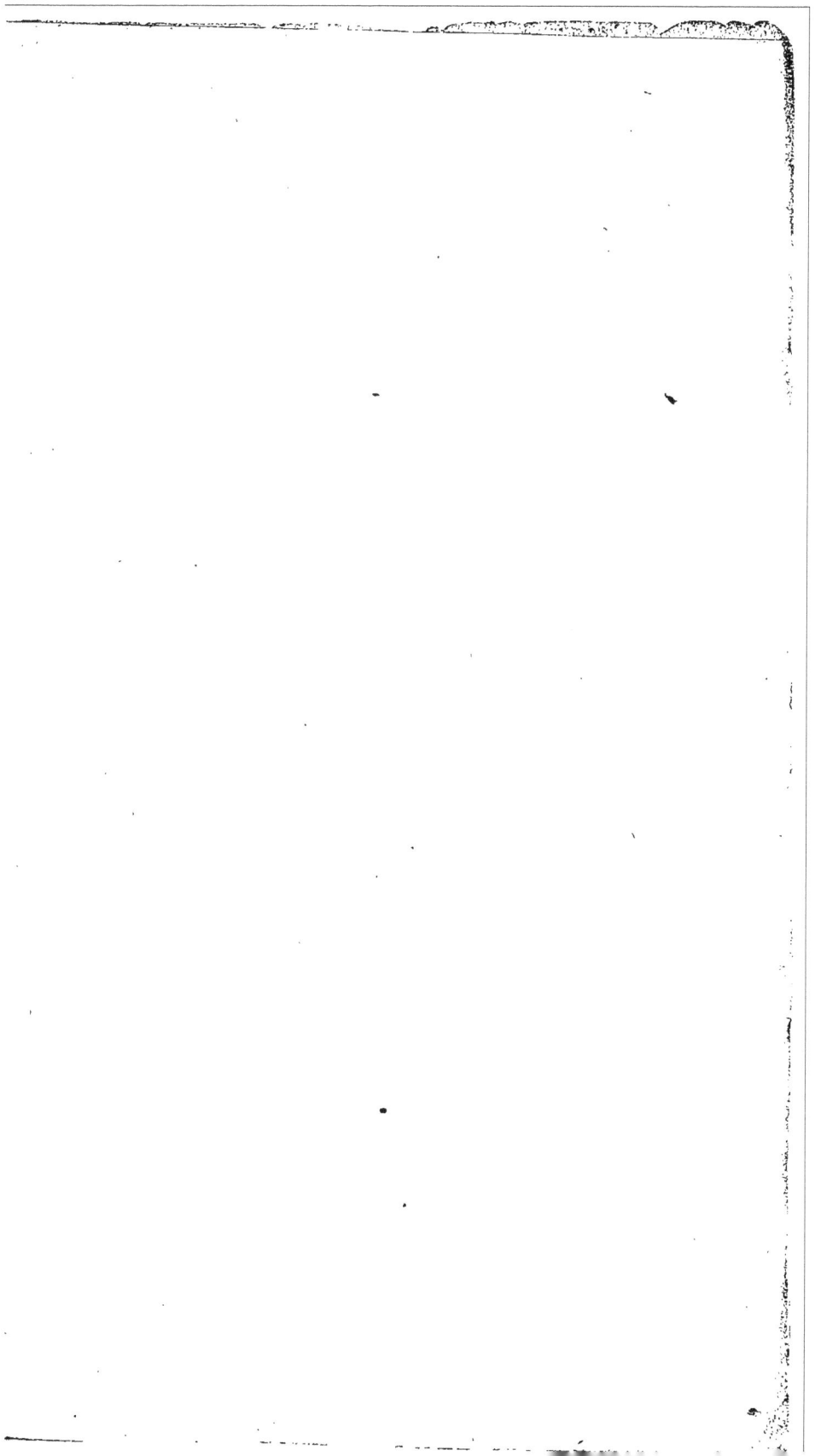

www.ingramcontent.com/pod-product-compliance
Lightning Source LLC
Chambersburg PA
CBHW071229290326
41931CB00037B/2508